_____ 드림

독서 토론을 위한
10분 책읽기

독서 토론을 위한
10분 책읽기

초판 1쇄 발행 2016년 7월 7일
초판 4쇄 발행 2022년 11월 15일

엮은이 서상훈·유현심

발행인 장상진
발행처 경향미디어
등록번호 제313-2002-477호
등록일자 2002년 1월 31일

주소 서울시 영등포구 양평동 2가 37-1번지 동아프라임밸리 507-508호
전화 1644-5613 | **팩스** 02) 304-5613

ⓒ 서상훈·유현심

ISBN 978-89-6518-186-6 03370

독서 토론을 위한
10분 책읽기

| 현장 중심의 독서토론 실천을 위한 세계문학 읽기 |

서상훈·유현심 엮음

경향미디어

머리말

내용과 형식을 모두 만족시키는
독서토론용 텍스트

지난 10년 동안 교육 현장에서 초·중·고 학생들을 대상으로 '독서토론'을 진행했다. 7세부터 13세까지 유치원생과 초등학생들을 대상으로 1년 정도 독서토론 지도사로 일했던 경험이 지금까지 이어지고 있다. 특히 한국형 하브루타를 표방한 'ZINBOOK(진북)' 운동을 벌이고 있는데, 진짜독서(zinbook, 진북)를 통해 진정한 북극성[true north, 진북(사명)]을 찾자는 의미를 담고 있다.

학교와 도서관, 공공기관 등에서 수업, 특활, 진로, 동아리, 방과후 활동 시간에 독서토론을 하면서 참으로 많은 아이를 만났다.

독서토론을 하기 전에 아이들의 표정은 대부분 어둡고 무겁다. "책읽기를 싫어하는데 어떡하지?", "책 내용을 잘 이해하지 못하는데 무슨 말을 하지?", "잘 모르는 걸 물어 보면 어떻게 할까?", "다른 친구들은 속사포처럼 떠드는데 나만 꿀먹은 벙어리처럼 가만히 있으면 어떡하지?", "책을 읽고 이야기를 나누는 것이 가능하기나 할까?" 등 여러 가지 부정적인 생각이 머리를 가득 채우고 있기 때문이다.

그런데 독서토론을 하고 나면 아이들의 표정은 180도 바뀌어서 아주 밝고 환해진다. "독서토론이 이렇게 재미있는지 처음 알았어요.", "한 권의 책으로 이렇게 많은 얘기를 나눌 수 있다는 게 신기하기만 해요.", "친구들과 얘기를 나누다 보니 생각이 다르다는 걸 알게 되었어요.", "독서토론을 하면서 제가 미처 발견하지 못했던 새로운 사실을 많이 알게 되었어요.", "다음 시간에는 어떤 얘기를 나누게 될지 벌써부터 기대가 돼요." 등 긍정적인 생각으로 마음이 활짝 열리기 때문이다.

독서토론에 한 번이라도 참여해 본 경험이 있는 사람이라면 무척 즐겁고 유익하다는 걸 알게 된다. 그리고 선생님과 학생 모두 일방적으로 전달하는 수업 방식보다는 소통하고 참여하는 토론 방식이 좋다는 것에 공감한다. 그런데 왜 교육 현장에서는 독서토론 수업이 제대로 운영되기 어려울까? 선생님과 학생 입장에서 몇 가지 현실적인 이유가 있다.

먼저 선생님들이 독서 수업을 준비하는 데 여러 가지 어려움이 있다. 첫째, 교과수업 준비와 행정업무로 너무 바빠서 시간이 부족하다. 둘째, 교과 진도를 맞추기도 빠듯해서 독서 수업을 할 여유가 없다. 셋째, 책을 별로 읽지 않는 선생님의 경우 자료 선택에 어려움을 겪는다. 넷째, 이런저런 이유로 학생들의 호응을 이끌어 내기가 어렵다.

학생들이 독서 수업에 참여하는 데도 다양한 어려움이 있다. 첫째, 청소년기 발달상의 변화에 따라 학생들의 관심 분야는 현재의 '몸, 사랑, 세계' 등인데, 관심이 별로 없는 과거의 인물과 사건을 다룬 책을 주로 읽게 한다. 둘째, TV, 컴퓨터, 스마트폰, 게임, 전자책 등 디지털 방식의 다매체에 익숙한데, 텍스트 중심의 아날로그 방식이 대부분이다. 셋째, 과도한 입시 경쟁으로 학업에 직접적인 도움이 되는 책을 읽기에도 벅차서 다른 책을 읽을 여유가 없다. 넷째, 사춘기의 넘치는 에너지를 발산하기 위해 동적인 활동을 선호해서 정적인 독서 활동은 무척이나 힘들다. 다섯째, 게임, 영상, 충격적인 사건·사고 등 자극적인 내용을 많이 접하다 보니 일반적인 스토리에는 시큰둥한 반응을 보인다.

이런 현실적인 이유들을 고려할 때 독서 수업을 제대로 운영하기 위해서는 다음과 같은 방법이 효과적이다. 첫째, 정규 수업 시간에 일주일에 1시간 정도 교과 관련 책을 읽고, 4~5명이 독서 모임을 만들어서 같은 책을 읽고 독서 활동지나 서평을 각자 쓴 후에 평가를 받는다. 둘째, 1시간 동안 교과 관련 책을 읽고, 1시간 동안 정리하면서 '발췌독서'를 한다. 셋째, 책에서 25~30쪽을 인쇄해서 읽히고 가르친다.

하지만 이런 방식도 기존의 '책읽기와 독후감'으로 대표되는 전형적인 독서 수업의 틀에서 벗어나지 못하고 있다. 독서 수업에 대한 선생님과 학생들의 기대를 충분히 반영하면서도 좀 더 재미있고 유익한 방식이 필요하다는 의견이 많아지면서 새로운 대안으로 떠오른 것이 바로 '독서토론'이다.

그런데 '독서토론 수업'은 '독서 수업'에 비해 좀 더 어려움이 많다. 첫째, 질문과 대답으로 이어지는 토론 문화가 안 되어 있어서 말을 끄집어

내기가 어렵다. 둘째, 어떤 방식으로 독서토론을 진행해야 하는지 잘 모른다. 셋째, 독서토론은 재미없고 힘들다는 오해 때문에 학생들의 참여를 이끌어 내기가 어렵다. 넷째, 독서토론용 텍스트는 주제가 명확해야 하고, 이해하기 쉬워야 하며, 이야깃거리가 많아야 하는데, 이런 텍스트를 찾기가 어렵다. 다섯째, 독서토론을 하려면 미리 책을 읽어 와야 하는데, 읽어 오지 않는 학생이 많으면 수업 진행 자체가 어렵다.

이런 어려움들을 해결하려면 '내용'과 '형식'을 모두 만족시킬 수 있는 독서토론 수업을 위한 전용 텍스트가 있어야 한다. 우선 '내용' 면에서는 주제가 명확해야 하고, 아이들이 재미있어 할 만한 스토리여야 하며, 이해하기 쉬우면서도 이야깃거리가 많아야 한다. '형식' 면에서는 수업 시간에 바로 읽고 진행할 수 있도록 10분 내외로 읽을 수 있는 짧은 분량이어야 하고(A4 4장, 10페이지 내외), 재미있게 참여할 수 있는 간단한 방식이어야 하며, 다양한 활동을 통해 만족도를 높여야 한다. 이 책은 이런 현장 중심의 독서토론 실천을 위한 고민을 해결하고자 기획되었다.

그동안 "아무리 훌륭한 교육 프로그램도 현장에서 적용하기가 어려우면 효과를 기대할 수 없다."는 신념으로 독서토론 수업을 해 왔다. 그리고 이 책에 소개한 텍스트를 활용해 독서토론 수업을 하면서 아이들의 다양한 변화를 직접 눈으로 확인했다. 이제 좀 더 많은 학생이 독서토론을 통해 자신 안에 잠자고 있는 거인을 깨우길 바란다. 선생님과 학부모님 들은 기쁜 마음으로 아이들의 변화와 성장에 큰 박수를 쳐 줄 수 있을 거라 기대한다.

좋은 인성 함양을 위한
맞춤형 책읽기

『독서토론을 위한 10분 책읽기』는 요즈음의 학습 경향인 미시적 학습 (micro learning)의 경향을 잘 반영한 책이다. 미시적 학습이란 학습의 내용들이 5분, 10분 단위로 분절되고 이것들이 학습자의 목적에 따라서 다시 조합하는 경향을 말한다.

학습자는 자신의 학습 목적에 따라서 분절된 내용을 주체적으로 선택할 수 있고 여기서 선택된 단위들은 10분을 넘지 않는다. 이 책은 이와 같은 미시적 학습의 플랫폼을 제공하고 있다.

제시된 주제도 신뢰, 우정, 인성, 가치, 가족, 헌신, 사랑, 자연, 허영, 희망, 배움, 판단, 반려, 외모, 장인정신, 동경 등으로 다양하고 시대정신과도 잘 맞아 떨어지는 내용으로 구성되어 있다. 또한 이런 주제가 고전을 중심으로 제시되었다는 점이 높이 평가된다. 고전은 우리에게 영양이 검증된 잡곡밥과 같은 역할을 한다. 요즈음 독서토론의 내용과 주제들이 학생들에게 접근성을 높이기 위해 인기는 있지만 시대적 검증을 거치지 못한 진부한 내용들로 구성되어 있다.

이 책은 기존의 독서토론 텍스트들이 청소년 인성에 도움을 주지 못하고 있다는 점에 대한 반성에서 기획된 것으로 보인다. 이런 유형의 독서토론은 학생들에게 주식(主食)을 제공하지 않고 디저트만 제공하는 방식이어서 학생들의 몸만 비대하게 만든다. 독서토론을 통해 진정한 인성을 만들어 내지 못하게 되는 것이다.

ZINBOOK 독서토론은 영양이 풍부한 잡곡들을 선별하여 청소년들의 기호에 맞게 맛있는 요리로 제공하고 있다. 또한 ZINBOOK 독서토론은 이런 커리큘럼을 기반으로 청소년들이 이를 충분히 소화시켜 인성으로 내재화할 수 있도록 토론 과정을 잘 디자인하고 있다.

청소년들이 이 책의 가이드라인에 따라 자신이 왜 세상에 태어났는지에 대한 품성의 스토리를 완성하길 바란다. 이 스토리를 구현하여 세상이 더 행복해지고 따뜻해지며 건강해지는 변화가 완성되는 체험을 할 수 있겠다는 생각에 가슴이 뭉클해짐을 느낀다.

- 윤정구(이화여자대학교 경영대학 교수)

이 책에 실린 텍스트들은 독서에 대한 거부감을 줄이고, 도리어 흥미와 함께 삶의 중요한 문제들을 깊이 성찰할 수 있도록 자극한다. 어떤 텍스트를 어떤 방식으로 읽고, 어떻게 생각할 것인가가 독서토론의 본질이라면, 이 책은 청소년들의 인성 개발을 위한 최고의 선택이다.

- 이창준(GURU People's 대표, 이화여대 겸임교수)

5~10분이면 충분한 책읽기, 20~30분으로도 독서토론의 즐거움을 누릴 수 있다. 7가지 주요 질문으로 재미있게 독서토론을 하다 보면, 어느새 생각의 힘이 생기고 경청과 배려의 인성이 쌓인다. 이 책은 다양한 주제의 이야기들로 구성되어 토론이 즐거워지는 새로운 체험을 하게 해 준다. 학교에서 아침활동 시간, 수업 시간, 동아리 시간은 물론, 친구끼리, 가족끼리 쉽게 토론할 수 있다.

- 양미현(김해한림초등학교 교사, 『ZINBOOK 독서토론』 공저자)

독서는 청소년뿐만 아니라 남녀노소 모두에게 필요하다. 그러나 독서가 무조건 친구와 이웃, 세상과의 어울림을 만들어 주지는 못한다. 어울림은 두 가지 이상의 것이 서로 잘 조화된다는 뜻이다. ZINBOOK 독서토론은 어울림을 위한 독서다. 나만의 지식을 쌓고 자기만의 인성을 만드는 것이 아니라 어울림의 지식과 인성을 만들어 준다. 이 책이 더 많은 어울림의 매개체가 되길 바란다.

- 차정숙(경기도청 공무원)

학교에서 책 전체를 읽기에는 시간이 너무 부족해서 학교 현장에 맞는 요약된 내용이 필요했다. 학생들의 흥미를 끌 만한 내용이 들어 있으면서도 토론에 적합한 다양한 이야깃거리가 있는 토론용 텍스트를 추출해 내는 것은 쉽지 않은 일이다. 이 책은 이러한 고민들을 시원하게 해결해 준다. 진로 찾기와 좋은 인성 함양을 위한 적합한 내용이 담긴 텍스트들을 선정했기 때문에 학교 수업 시간에 바로 적용할 수 있는 최적의 교재다.

– 정환정(용인손곡중 진로진학부장)

독서교육의 중요성은 누구나 공감하지만 개인 맞춤형 도서 선택과 시간 부족 등으로 수업 시간에 쉽게 활용할 수 없다는 고민이 있었는데, 이 책이 속 시원히 해결해 주었다. 인성 교육이 절실한 지금, 책을 읽고 난 뒤에 학생들 스스로 토의토론 하는 과정을 통해 바른 인성이 무엇인지 스스로 깨닫도록 하는 텍스트이다. 교과목에 상관없이 활용할 수 있으므로 자유학기제 및 교과학습, 창체 시간에 널리 활용되기를 바란다.

– 진영미(화성향남중 진로상담부장)

아련한 어린 시절에 재미있게 읽으며 책 속의 주인공이 되어서 꿈을 꾸던 이야기들을 한데 엮어서 토론의 교재로 활용하다니~! 우리 아이들의 감수성 충족과 함께 그들의 꿈도 채워 주고 키워 주는 최고의 토론 교재라고 생각한다.

– 오은영(충남교육청 학교교육과 장학사)

오늘날 우리 청소년들에게 꿈과 희망, 자신감과 용기를 갖게 해 주는 교육의 필요성이 더욱 절실하게 요구되고 있다. 그런 필요성에 가장 적합한 것이 바로 '독서토론 교육'이다. 이 책은 아이들이 독서토론 수업에 쉽고, 재미있게 참여할 수 있도록 도와준다. 이 책을 통해 모든 청소년이 독서 편식 없이 그들의 미래를 건강하게 만들어 나갈 수 있기를 소망한다.

– 이웅주(8대 경기도학생상담자원봉사자 회장)

독서토론의 힘은 기대 이상이다. 가장 먼저 나 자신을 돌아볼 수 있는 힘이 생기고, 마음 구석 어딘가 먼지처럼 쌓여 있던 생각 찌꺼기도 정리할 수 있다. 함께하는 사람들과의 관계 속에서 새로운 배움이 일어나며, 함께할수록 행복감이 커지는 것을 경험하게 된다. 나의 모습도, 함께하는 이의 모습도 서로에게 큰 힘이 되어 준다.

– 김미예(화성시 평생교육과 평생교육사)

"한 인간의 존재를 결정짓는 것은 그가 읽은 책과 좋은 글귀다."라는 말처럼 21세기는 창의적 인재와 융합형 인간이 화두이다. 이 시대는 지식보다는 문제해결 능력이 중요하다. 독서를 통해 스스로 생각할 수 있는 힘을 기르고 토의토론을 통해 협업 능력과 소통 능력, 배려심, 경청 능력을 키워야 한다. 이 책을 통해 청소년들이 인성과 지혜를 겸비한 조화로운 사람이 되길 바란다.

– 서은옥(수원천천중 진로진학상담부장)

학교 현장에서 '독서를 접목한 교육'을 위해 많은 노력을 기울이고 있는데, 이 책은 그러한 노력에 시너지 효과를 낼 것으로 기대한다. 데카르트는 "좋은 책을 읽는 것은 과거의 가장 뛰어난 사람들과 대화를 나누는 것과 같다."고 했다. 청소년들이 책을 통해 세상을 폭넓게 보고 과거와 현재, 그리고 미래를 연결하는 통찰력을 지닌 지혜로운 미래 인재로 거듭나길 소망한다.

- 김병갑(오산매홀중 진로진학부장)

6~7명이 ZINBOOK 독서토론을 1여 년 정도 하면서, 다른 사람들의 의견과 생각에 공감하며 책 읽는 즐거움에 빠져들었다. 이 책은 책 읽는 시간을 확보하기 쉽지 않은 독자에게 의미 있고 재미있는 책 읽기의 즐거움을 선사할 것이다.

- 배정미('오늘도 잘했어요' 오잘센터 소장)

차례

10분 책읽기
독서토론을 위한 세계문학 읽기

부록

독서토론을 위한
세계문학 읽기

노끈 한 오라기

—

기드 모파상(Guy de Maupassant)
1850~1893, 프랑스 작가

작품 소개

이 작품은 신뢰에 관한 내용이다. 신뢰(信賴, trust)의 사전적 정의는 '타인의 미래 행동이 자신에게 호의적이거나 최소한 악의적이지는 않을 가능성에 대한 기대와 믿음'이다. 이 작품은 소똥 속에 있던 노끈 한 오라기를 줍는 주인공의 사소한 행동 하나로부터 시작된 사건을 통해 '신뢰와 불신', '정직과 거짓', '오해와 진실' 등을 다룬다. 사람들과의 관계 속에서 형성되기 쉬운 복잡한 감정과 갈등이 모파상 특유의 섬세한 묘사를 통해 파노라마처럼 생생하게 펼쳐진다. 이야기를 읽으면서 우리는 평소 주인공이 어떻게 사람들과 관계를 맺고 살았을지 추측해 볼 수 있고, 권력의 비정함을 엿볼 수도 있다. 오해를 받았을 때 의연하게 대처하는 것이 옳을지, 아니면 적극적으로 해명하는 게 옳을지도 고민해 볼 수 있다. 다른 사람이 나에게 호의적인 행동을 할 것이라는 '신뢰'를 가지려면 어떻게 해야 할까? 내가 다른 사람들에게 호의적인 행동을 할 것이라고 '신뢰'를 주려면 어떻게 해야 할까? 신뢰에 대해 다양한 생각을 할 수 있는 '명작' 속으로 들어가 보자.

신뢰(信賴, trust)
타인의 미래 행동이 자신에게 호의적이거나 최소한 악의적이지는 않을
가능성에 대한 기대와 믿음

작품 읽기

1.

장날이라 고데르빌 읍에 사는 농부들과 아낙들은 시내를 향해 가고
있었다.

사내들은 막일을 하느라 힘들었고, 메고 가는 쟁기도 무거워서 발
걸음이 느렸다. 입고 있는 풀 먹인 셔츠는 니스를 칠한 것처럼 반짝였
고, 깃과 소매에는 흰 실로 수가 놓여 있었다. 뼈만 앙상하게 남은 가
슴팍은 바람이 불룩하게 들어와서 하늘로 날아가려는 풍선 같았다. 셔
츠 밖으로 머리와 두 팔, 두 다리가 삐져나온 것처럼 보였다. 농부들
중에 몇 사람은 암소와 송아지를 고삐에 꿰어 끌고 갔다.

아낙들은 나뭇가지로 소의 등을 때리면서 걸음을 재촉했다. 한 쪽
에는 병아리 머리가, 다른 쪽에는 오리 머리가 삐져나온 큰 바구니를
들고 있었다. 여원 몸을 곧추 세운 채 옷깃을 밋밋한 젖가슴에 핀으로

고정시켰다. 머리에는 흰 수건을 둘러서 머리카락을 여미었고, 그 위에 모자를 얹고서는 남편들 뒤를 종종걸음으로 따라갔다.

그때 조랑말이 비슬비슬 끌고 가는 마차 한 대가 지나갔다. 마차 앞에는 두 사내가 나란히 앉아 있고, 안에는 여자 한 명이 심하게 흔들리는 난간을 꼭 붙잡고 있었다.

고데르빌 장터는 사람과 가축들이 뒤섞여서 매우 혼잡했다. 황소의 뿔과 돈이 좀 있는 시골 사람들이 쓰는 깃이 달린 높은 모자, 촌아낙들의 모자가 바글거리는 사람들 위로 불룩 솟아 있었다. 거친 목소리와 째지는 목소리, 칭얼대며 우는 듯한 목소리가 심한 소음을 냈다. 그러다가 어떤 촌뜨기의 가슴에서 터져 나오는 큰 웃음소리에 묻히거나 어느 집 담벼락에 매 놓은 암소가 '음메~' 하고 길게 우는 소리에 눌려버리곤 했다. 외양간 냄새, 우유 냄새, 거름 냄새, 꼴풀 냄새, 땀 냄새가 사방에 진동을 했다. 땅을 일구며 사는 사람들에게서 나는 냄새와 동물 냄새가 뒤섞여서 코를 찌르는 듯 유별나게 독한 악취가 풍겨서 기분이 상했다.

2.

브레오테에 사는 오슈코른 영감은 고데르빌에 도착해서 장터로 발길을 옮기고 있었다. 그때 조그만 노끈 오라기가 땅바닥에 떨어진 것을 봤다. 노르망디 사람답게 진짜 노랑이인 오슈코른 영감은 무엇이든 쓸 만한 것이라면 주워 모아 두는 것이 좋다고 생각했다. 그래서 신경통으로 고생하고 있지만 겨우 허리를 구부려서 땅바닥에 떨어진 보잘것 없는 노끈을 주웠다. 그리고 그것을 정성스레 감으려고 했다.

그때 자기 집 문턱에 서서 자신을 바라보고 있는 마구 수선공 말랑댕 영감에게 눈길이 갔다. 두 사람은 이전에 말고삐 거래 문제로 다투다가 서로 앙심을 품고 사이가 나빠졌다. 오슈코른 영감은 소똥 속에 있던 노끈 오라기를 줍다가 원수에게 들키게 되자 부끄러움을 느꼈다. 그래서 노끈을 얼른 셔츠 속에 감추었다가 다시 바지 주머니에 넣었다. 그러고 나서 아직 찾지 못한 물건을 계속 찾는 척했다. 그러다가 앞으로 머리를 내밀고 허리를 굽힌 채 장터를 향해 갔다.

그는 크게 벌어진 흥정판에서 시끄럽게 소란을 피우면서 느리게 걸어가는 사람들 속으로 곧장 들어갔다. 농부들은 남에게 속을까 봐 무서워서 어쩔 줄을 모르는 사람처럼 암소를 쓰다듬어 보기도 하고 왔다 갔다 하기도 했다. 그들은 장사꾼의 눈치를 보면서 마음을 정하지 못하고 혹시나 속임수를 쓰지는 않는지, 가축에 흠은 없는지 알아내려고 무척이나 애를 썼다.

아낙들은 큰 바구니를 발밑에 놓고 거기서 닭과 오리를 꺼냈다. 그러면 다리가 묶인 가축들은 땅바닥에 떨어져서 놀란 듯이 눈을 두리번거렸다. 아낙들은 손님이 부르는 값을 듣고는 지지 않을 자세로 무표정한 얼굴을 한 채 자기가 받을 값으로 버텼다. 그러다가 갑자기 깎아서 불렀던 값에 팔기로 결심하고는 그냥 가 버리는 손님에게 큰 소리로 이렇게 외쳤다.

"그렇게 할게요, 앙팀 영감님. 그렇게 드릴게요."

잠시 후 낮 기도의 종소리가 정오를 알리고, 여기저기 흩어져 있던 사람들은 주막으로 들어갔다.

주르댕네 주막은 손님들로 큰 홀이 꽉 찼다. 넓은 마당도 짐수레와 이륜마차, 2인승 마차, 포장마차, 짐마차 등 온갖 종류의 수레와 마차로 가득 차 있었다. 진흙이 누렇게 묻은 것, 뒤틀린 것, 끌채가 하늘로 치켜진 것, 코는 땅에 박고 꽁무니는 하늘로 치솟은 것, 여기저기 땜질한 것 등 다양했다.

손님들이 앉은 테이블 바로 맞은편에 있는 커다란 벽난로에서는 이글거리는 불꽃이 나와서 오른쪽에 줄지어 앉은 손님들의 등에 더운 기운을 계속 뿜었다. 닭고기와 비둘기고기, 양고기를 꿴 세 개의 꼬챙이가 돌아가고, 익은 고기와 덜 익은 껍질에서 흘러내리는 국물의 향긋한 냄새가 식욕을 자극해서 입에 군침이 돌았다. 땅을 갈아서 먹고 사는 사람들 중에 돈이 좀 있는 이들은 주막을 운영하면서 말 장사도 하고, 돈은 많지만 성질은 못된 주르댕네에서 식사를 했다.

오가는 접시들과 능금주 잔은 금방금방 비어 나갔다. 사람들은 각자 물건을 사고파는 장사 이야기나 농사 이야기를 했다. 지금 날씨가 채소 농사에는 좋지만 밀농사에는 좋지 않아서 좀 더 건조하면 좋겠다고 말했다.

3.

갑자기 식당 앞마당에서 북소리가 울렸다. 관심이 없는 사람들을 빼고는 모두 일어서서 문으로, 창문으로 달려갔다. 입에는 음식을 가득 물고, 손은 냅킨을 쥐고 있었다. 북소리가 그치자 소식을 전하러 온 사람이 말을 제대로 끊지 못하고 다그치듯이 큰 소리로 외쳤다.

"고데르빌 주민들에게 알립니다. 아니 장터에 계신 모든 분들은 알아두시기 바랍니다. 오늘 아침 아홉 시에서 열 시 사이에 만빌에 사는 포르튜네 울브레크 씨가 뵈즈빌 거리에서 5백 프랑의 돈과 서류가 들어 있는 까만 가죽 지갑 하나를 잃어 버렸습니다. 주운 분은 즉시 읍사무소나 울브레크 씨 댁으로 보내주시기 바랍니다. 그럼 20프랑의 보상금을 드립니다."

그리고 나서 그 사람은 바로 가 버렸다. 저 멀리서 다시 한 번 둔탁한 북소리와 그 사람의 희미한 목소리가 들렸다. 그러자 사람들은 울브레크 씨가 지갑을 찾을 것인지, 못 찾을 것인지 그 가능성을 이리저리 따져 보면서 사건에 대해 이야기하기 시작했다.

사람들이 식사를 마치고 커피를 다 마셔갈 때쯤 헌병대장이 문 앞에 나타났다. 그는 물었다.

"여기 브레오테에 사는 오슈코른 씨라고 있습니까?"

식탁 끝에 앉아 있던 오슈코른 영감이 대답했다.

"나요, 여기 있소."

헌병대장은 말을 이었다.

"오슈코른 씨, 죄송하지만 읍사무소까지 저랑 같이 가 주셔야겠습니다. 읍장님이 당신께 하실 말씀이 있으시답니다."

영감은 놀랍기도 하고 불안하기도 했지만 작은 잔에 담긴 술을 단숨에 마시고는 자리에서 일어섰다. 식사를 한 후의 첫걸음은 늘 유난히 어려웠기 때문에 아침보다 더 허리를 구부린 채로 이렇게 중얼거리면서 걸어갔다.

"나요, 나요."

그는 헌병대장을 뒤따라갔다.

4.

읍장은 안락의자에 앉아서 오슈코른 영감을 기다리고 있었다. 읍장은 이 마을의 공증인이었는데, 뚱뚱하고 근엄하면서 말도 거창하게 하는 사람이었다. 그는 말했다.

"오슈코른 씨, 오늘 아침에 뵈즈빌 거리에서 당신이 만빌에 사는 울브레크 씨가 잃어버린 지갑을 줍는 걸 본 사람이 있습니다."

영감은 말문이 막혀서 읍장을 바라보았다. 그는 왠지 알 수 없지만 자신을 찍어 누르는 듯한 의심에 이미 질려 버렸다.

"내가요? 내가, 내가 그 지갑을 주웠다고요?"

노끈 한 오라기 | 신뢰 **025**

"네, 바로 댁께서요."

"정말이지, 난 그런 일은 눈곱만큼도 알지 못하는데요?"

"당신을 본 사람이 있다니까요."

"나를 봤다고요? 나를 봤다는 게 누구요?"

"마구상 말랑댕 씨요."

그 순간, 영감은 생각이 났다. 그의 말을 그제야 이해할 수 있었다. 그래서 화가 나서 열을 내며 이렇게 말했다.

"아! 그놈이 나를 봤다고요? 그 망할 놈이! 그놈이 날 봤지요. 이 노끈 줍는 것을요. 자요, 읍장님."

그러고는 주머니 속을 뒤져서 노끈 오라기를 꺼냈다.

하지만 읍장은 믿지 않고 고개를 저었다.

"오슈코른 영감님, 내게 속임수를 쓰지 마세요. 믿음직한 말랑댕 씨가 노끈을 지갑으로 잘못 봤을까요?"

영감은 화가 치밀어서 손을 쳐들고는 자신의 정직함을 증명하려고 옆에다 침을 뱉고 나서 말을 이었다.

"하지만 이건 하느님이 아시는 거룩한 사실입니다. 사실입니다, 읍장님. 제 영혼과 하느님을 걸고 맹세합니다."

읍장이 다시 말을 꺼냈다.

"그 물건을 줍고 나서 당신은 혹시 진흙 속에 지갑의 동전 몇 푼이 빠져서 떨어지지나 않았는지 한참 찾아보기까지 했다던데요?"

영감은 분하기도 하고, 겁이 나기도 해서 숨이 막힐 지경이었다.

'어찌 그렇게 말할 수 있을까? 어떻게 그 따위로 입을 놀릴 수 있을까?'

그가 아무리 그러지 않았다고 해도 소용없었다. 사람들은 그의 말을 믿어 주지 않았다.

그는 말랑댕 씨와 만났다. 그러나 말랑댕 씨는 그 말을 반복하면서 자기 말이 옳다고 주장했다. 그들은 한 시간이나 서로 욕을 퍼부었다. 오슈코른 영감은 자진해서 몸수색을 받았으나 아무것도 나오지 않았다. 마침내 읍장은 몹시 당황해서 검찰에 알아보고 지시를 받은 후에 통지하겠다고 하면서 그를 그냥 돌려보냈다.

5.

그 소식은 곧 퍼져 나갔다. 읍사무소를 나오자 영감은 진지하거나 빈정거리거나 간에 호기심이 가득한 사람들에게 둘러싸여서 어떻게 되었느냐는 질문을 받았다. 하지만 아무도 영감의 봉변을 분하게 생각하는 사람이 없었다. 그래서 그는 노끈 이야기를 했다. 하지만 누구도 그의 말을 믿어 주지 않고 그저 웃기만 했다. 그는 가는 곳마다 사람들에게 붙들리기도 하고, 영감 자신이 아는 사람들을 붙잡고는 그 이야기와 자신의 억울함에 대한 항의를 계속 늘어놓았다. 그리고 자기는 가진 것이 전혀 없다는 걸 증명하려고 주머니를 뒤집어 보이기도 했다. 그러면 사람들은 그에게 이렇게 말했다.

"교활한 영감 같으니라고, 가 버려요!"

그는 화가 치밀고 약이 올랐으나 사람들이 믿어 주지 않아서 열이 나고 서글픈 생각이 들었다. 그래도 어쩔 줄을 모르고 여전히 자기 이야기만 하고 다녔다.

저녁이 되어 집으로 돌아가야 했다. 그는 이웃 사람 세 명과 함께 길을 걸었다. 그는 그들에게 자기가 노끈 오라기를 주웠던 장소를 알려 주었다. 그리고 길을 걷는 내내 자기가 당한 사건에 대해 얘기했다. 밤늦도록 그는 사람들에게 그 이야기를 하느라 브레오테 마을을 한 바퀴 돌았다. 하지만 그는 자기 말을 믿어 주지 않는 사람들을 만났을 뿐이다. 그는 그 일로 밤새 앓았다.

다음날 오후 1시쯤 이모빌의 농부이자 브레통 영감네 농장의 머슴인 마리우스 포멜이 그 지갑과 속에 든 물건을 만빌의 울브레크 씨에게 돌려주었다. 그는 그것을 길에서 주웠다고 주장했다. 하지만 글을 읽지 못하는지라 집에 갖고 갔다가 주인에게 줬다고 했다. 그 소식은 곧 근방에 퍼졌다. 오슈코른 영감도 그 소식을 들었다. 그는 즉시 동네를 한 바퀴 돌면서 무사히 해결된 자기 얘기를 했다. 그는 의기양양해서 말했다.

"내가 우울했던 건 그 사건 자체가 아니라고. 자네도 알지? 사람 잡는 거짓말 말이야. 어떤 거짓말로 인해 비난을 받는 것처럼 마음이 상하는 일도 없지."

　하루 종일 그는 자기가 겪은 일에 대해 얘기했다. 길 가는 사람에게
도, 술집에서 술 마시는 사람에게도, 주일날 교회에 나온 사람에게도,
심지어는 전혀 모르는 사람을 세워 놓고는 그 이야기를 늘어놓았다.
이제야 그는 속이 시원했다. 그러나 뭐라고 꼬집어서 말할 수는 없지
만 어딘가 꺼림칙한 데가 있었다. 사람들이 이야기를 들으면서 자기를
놀리는 듯했기 때문이다. 사람들은 납득한 것 같지 않았고, 등 뒤에서
이러쿵저러쿵 자기에 대해 얘기하는 것처럼 보였다.

　6.

　다음 주 수요일에 그는 고데르빌 장터에 갔다. 오직 자기 얘기를 해
야 했기 때문이다. 자기 집 문 앞에 서 있던 말랑댕은 그가 지나가는
것을 보고 웃기 시작했다. '왜 그러는 것일까?' 영감은 크리크토에 사
는 한 농부를 만나서 그 이야기를 꺼냈다. 농부는 말을 마치기도 전에
아랫배를 손으로 '탁' 치면서 그의 얼굴에 대고 이렇게 외쳤다.

　"교활한 영감 같으니라고, 썩 사라지게!"

　그러더니 그는 발뒤꿈치를 돌리고 가 버렸다.

　오슈코른 영감은 어안이 벙벙해서 점점 더 불안해졌다. '왜 사람들
은 나를 교활한 영감이라고 부를까?' 그는 주르댕네 주막에 들어가 식
탁에 앉자마자 그 사건을 설명하기 시작했다. 몽티빌리에 사는 한 마

구 상인이 그에게 소리쳤다.

"그래, 그래, 늙은 것아, 나도 안다. 그 잘난 노끈 말이지?"

오슈코른은 말을 더듬었다.

"하여간…그 지갑은 찾지 않았어?"

그러자 마구 상인이 다시 말을 이었다.

"입 다물어, 이 사람아. 그 물건을 본 사람하고 그걸 갖다 준 사람하고 다를 수도 있지. 뭐가 어떻게 됐는지는 두 눈 똑바로 뜨고 봐야 해."

영감은 기가 막혔다. 마침내 그는 모든 것을 이해할 수 있었다. 사람들이 자기를 비난하는 이유는 그 지갑을 공모자나 공범자를 시켜서 되돌려주게 했다고 생각하기 때문이었다. 그래서 그는 그렇지 않다고 주장하려 했다. 하지만 식탁에 앉아 있던 사람들이 모두 웃기 시작했다. 그는 식사를 마치지 못하고 한참이나 비웃는 사람들 속을 빠져나왔다.

그는 집으로 돌아왔다. 너무 분해서 울화가 치밀고, 눈앞이 아득해서 목이 죄이는 것 같았다. 하도 낙심해서 노르망디 사람의 간계로도 자기를 비난하는 걸 받아칠 기운이 없었고, 그럴듯한 말솜씨로 그 일의 결말에 대해 큰소리칠 여유조차 없었다. 그가 교활하다고 알려져 있기 때문에 자신에게 죄가 없다는 것이 증명되기란 거의 불가능해 보였다. 그는 자신에 대한 의심이 너무나 부당한 것임을 깨닫고는 가슴이 미어지는 것 같았다.

그래도 그는 또 다시 그 사건 이야기를 하기 시작했다. 그러는 동안 그 이야기는 날로 부풀려졌고, 새로운 이론이 더해졌으며, 더욱 힘찬 항변이 되었다. 그는 머리를 쥐어짜서 더욱 엄숙하게 맹세해야 했고, 혼자 있을 때는 몇 시간이고 그 이야기의 줄거리를 준비하곤 했다. 그의 머릿속은 온통 노끈 이야기로 가득했다. 사람들은 그의 변호가 복잡해지고 증거가 확실해질수록 더욱 그를 믿어 주지 않았다. 사람들은 그를 돌려세우며 말했다.

"그런 건, 그건 다 거짓말쟁이의 변명일 뿐이야."

그는 이런 사실을 알고 피가 말랐으며 헛된 노력으로 몸이 쇠약해졌다. 몰라보게 몸이 축났다. 마치 전투를 치르고 온 병사에게 전쟁 이야기를 들려 달라고 하듯이 이제는 장난기 있는 사람들이 재미로 그에게 '노끈' 이야기를 시켰다. 밑바닥까지 내려앉은 그의 정신은 극도로 쇠약해지고 있었다.

연말 즈음 그는 앓아누웠고, 1월 초순에 죽고 말았다. 그런데 마지막 죽음의 고통으로 헛소리를 하는 중에도 이렇게 되뇌면서 자신의 무죄를 주장했다.

"조그만 노끈이에요.…조그만 노끈…자, 여기 있어요. 읍장님."

토론해 봅시다

주제 1. 오슈코른 영감은 왜 자신의 결백을 끝까지 주장했을까요?

_____

_____

_____

_____

_____

주제 2. 오해를 풀려고 자신의 결백을 끝까지 주장하는 것은 옳은가요?

_____

_____

_____

_____

_____

헌신적인 친구

오스카 와일드(Oscar Wilde)
1854~1900, 아일랜드 작가

작품 소개

이 작품은 '우정'에 대한 이야기다. 우정(友情, friendship)의 사전적 정의는 '오래
도록 친하게 사귀어 온 친구 사이의 정'을 뜻한다. 이 작품은 정원을 가꾸며 사는
한스와 그의 친구인 부유한 방앗간 주인 밀러와의 관계를 중심으로 진정한 친구
사이의 우정이란 무엇인지 생각해 보게 한다. 밀러는 한스에게 '진정한 우정은 모
든 걸 다 나눠 갖는 헌신적인 것'이라고 말을 하면서도 한스에게만 계속해서 부당
한 요구를 한다. 하지만 밀러를 친구로서 무조건 좋아했던 한스는 자신이 가진 모
든 걸 내어주고 결국 한스의 아들을 치료해 줄 의사를 데리러 갔다가 물에 빠져 목
숨까지 잃게 된다. 이 이야기를 통해 우리는 '진정한 우정'이란 과연 무엇인지, 친
구 사이에 지켜야 할 기본적인 예의란 어떤 것인지, 진정한 친구라면 상대를 위해
모든 것을 희생하는 것이 옳은 것인지 등에 대해서 생각해 볼 수 있다. 이런 활동
을 통해서 요즘 아이들 사이에 문제가 되고 있는 왕따나 학교 폭력 등에 대해서도
생각을 확장해 보는 것도 좋은 방법이다.

우정(友情, friendship)
오래도록 친하게 사귀어 온 친구 사이의 정

작품 읽기

1.

어느 날 아침, 늙은 물쥐가 쥐구멍 밖으로 머리를 내밀었을 때 엄마 오리가 아기 오리들에게 헤엄을 가르치고 있었다. 엄마 오리는 헤엄을 잘 쳐야 상류층이 될 수 있다고 말했지만 아기 오리들은 상류층의 좋은 점을 잘 몰라서 주의 깊게 듣지 않았다.

물쥐가 불효막심한 것들이라고 말하자, 오리는 그런 말 하지 말라면서 부모는 끝까지 참아야 한다고 대답했다. 물쥐는 자기는 결혼을 하지 않아서 부모의 심정은 잘 모른다고 하면서 사랑보다는 헌신적인 우정이 훨씬 소중하고 고상한 것이라고 말했다.

옆에서 대화를 듣게 된 방울새가 헌신적인 우정이 어떤 거냐고 물었다. 그랬더니 물쥐는 친구가 자신에게 모든 걸 베푸는 것이라고 대답했다. 방울새는 그 보답으로 뭘 해 줄 거냐고 다시 물었다. 그러자 물쥐는 해 주긴 뭘 해 주냐면서 이해를 잘 못하는 것 아니냐고 타박했다. 방울새는 물쥐에게 헌신적인 우정 이야기를 하기 시작했다.

옛날에 한스라는 남자가 살았어요. 그는 잘생기진 않았지만 둥근 얼굴에 상냥한 마음씨를 지녔고, 키는 작지만 정직하고 재미있는 사람이었지요. 한스는 작은 집에 살면서 정원을 가꾸며 열심히 일했답니다. 한스네 정원은 매월 순서대로 꽃들이 피고지면서 언제나 아름다운 꽃과 향기가 가득했어요. 한스는 친구들 중에서도 키가 큰 밀러와 가장 친했지요.

밀러는 부유한 방앗간 주인이었는데, 친구 한스네를 지날 때면 늘 담장 안을 들여다봤어요. 꽃을 꺾거나, 허브를 잡아 뜯거나, 자두나 버찌를 따서 주머니에 수북이 넣어야 직성이 풀렸기 때문이에요. 밀러는 늘 이렇게 말했어요.

"진정한 친구라면 모든 걸 나눠 가져야 한다네."

한스는 웃음을 머금고 고개를 끄덕이고는 밀러처럼 고상한 생각을 하는 친구가 있다는 게 무척 자랑스러웠어요.

이웃 사람들은 부자 밀러가 가난한 한스에게 아무 보답도 하지 않는 걸 이상하게 생각했어요. 밀러네 방앗간에는 수백 포대의 밀가루와 여섯 마리의 젖소, 양떼가 있었기 때문이에요.

하지만 한스는 불평이나 불만이 없었어요. 밀러가 '진정한 우정은 모든 걸 다 주는 헌신적인 것'이라고 말하곤 했는데, 한스는 밀러의 멋진 말을 듣는 게 좋았답니다. 한스는 정원에서 일한 걸로 먹고 살았는데, 봄·여름·가을에는 행복했지만 팔 수 있는 꽃과 과일이 없는 겨울에는 춥고 배고파서 매우 힘들었답니다. 저녁에는 말린 과일이나 딱딱한 견과류로 겨우 배를 채우고 잠자리에 들어야 했지요. 게다가 겨울에는 밀러가 놀러오지도 않아서 무척 외로웠답니다.

2.
밀러가 아내에게 말했지요.
"눈이 오는 겨울에는 땅꼬마 한스를 보러 가지 않는 게 좋겠어. 사람이 어려움에 처했을 때는 혼자만의 시간이 필요하거든. 그럴 때는 귀찮게 하지 않는 게 우정이라고 생각해. 그러니 봄이 올 때까지 기다렸다가 한스를 찾아갈 거야. 그때는 한스가 달맞이꽃을 한 바구니 줄 수 있을 거고, 그 친구는 무척 행복할 테지."
안락의자에 앉아 벽난로 앞에서 장작불을 쬐고 있던 밀러의 아내가 말했어요.
"당신은 역시 다른 사람을 배려할 줄 아는 사려 깊은 분이에요. 당신의 우정 이야기를 듣고 있으면 무척 흐뭇하답니다."
어린 밀러의 아들이 말했어요.
"한스 아저씨에게 우리 집에 놀러 오시라고 하면 안 될까요? 불쌍한 한스 아저씨께 수프도 드리고 토끼도 보여드리고 싶어요."

밀러가 갑자기 버럭 화를 내며 소리쳤어요.

"그게 무슨 정신 나간 소리냐! 도대체 학교에서 뭘 배우는 거냐? 제대로 아는 것이 하나도 없구나. 생각해 봐라. 땅꼬마 한스가 우리 집에 와서 사는 걸 보면 분명히 부러워할 거다. 시기심은 사람의 성격을 망치기 때문에 아주 나쁜 마음이지. 나는 절친한 친구니까 한스가 그런 유혹에 빠지지 않게끔 지켜줘야 한단다. 그리고 한스가 우리 집에 오면 외상으로 밀가루를 꿔 달라고 부탁할 건데, 난 절대로 그럴 수 없다. 밀가루와 우정은 별개의 문제고, 그 둘을 헷갈리면 안 된단다. 그런 건 누구나 다 아는 거야."

밀러의 아내가 맥주를 큰 잔에 따르며 말했어요.

"당연한 말씀이에요. 그런데 왜 이렇게 졸릴까요? 마치 교회에 와 있는 것 같군요."

밀러가 말했어요.

"행동을 제대로 하는 사람은 많지만 말을 제대로 하는 사람은 드물어. 왜냐하면 말하는 것이 훨씬 어렵고 더 훌륭한 일이니까."

이렇게 말하면서 밀러는 어린 아들을 근엄한 표정으로 바라봤어요. 아이는 너무 부끄러워서 얼굴이 홍당무처럼 빨개져서 고개를 푹 숙였지요. 자기도 모르게 흘린 눈물이 찻잔 위로 뚝뚝 떨어졌어요. 너무 어렸기 때문이에요.

갑자기 물쥐가 그게 끝이냐고 물었다. 방울새는 이제 시작이라고 대답했다. 물쥐는 방울새가 시대에 뒤떨어졌다면서 신식 이야기는 결론부터 시작해서 처음으로 갔다가 중간에서 끝맺는 것이 일반적이라고 충고했다. 그리고 그 말을 연못가를 거닐던 평론가와 한 젊은이에게 들었다고 했다.

물쥐는 방앗간 주인 밀러가 정말 마음에 든다면서 고상한 생각을 하는 게 자신과 비슷한 면이 있다고 말했다. 물쥐가 이야기를 계속 해 보라고 하자 방울새는 발을 바꾸면서 말을 이었다.

3.

겨울이 끝나고 노란색 달맞이꽃이 피기 시작하자, 밀러는 아내에게 땅꼬마 한스를 찾아가 봐야겠다고 말했어요. 밀러의 아내는 남편이 정말 마음씨가 따뜻하고 배려심이 많은 사람이라면서 꽃을 담아 올 큰 바구니를 꼭 챙겨 가라고 했어요. 밀러는 큰 바구니를 들고 한스를 찾아갔어요.

밀러가 잘 지냈냐고 인사를 건네자, 한스는 입이 귀에 걸릴 정도로 활짝 웃으며 반겼어요. 밀러가 겨울 동안 어떻게 지냈느냐고 묻자, 한스는 그런 걸 물어봐 주니 정말 고맙다면서 무척이나 힘들었지만 이제 봄이 되어 행복하다고 대답했어요.

밀러는 그 동안 친구가 궁금해서 아내와 자주 얘기를 나눴다고 말했어요. 한스는 자신을 잊지 않고 걱정해 준 밀러가 좋은 친구라고 칭찬했어요. 밀러는 친구를 잊지 않는 건 우정의 가장 큰 미덕인데, 한스가 당연한 걸 갖고 칭찬한다며 실망스럽다고 말했어요. 그리고 달맞이 꽃이 정말 탐스럽다고 했어요.

한스는 예쁜 달맞이꽃이 많이 핀 게 다행이라면서 시장에 내다 팔면 외바퀴 손수레를 다시 살 수 있을 거라고 했어요. 밀러는 왜 바보같이 전에 있던 걸 팔았느냐고 물었어요. 한스는 겨울 동안 빵 살 돈도 없이 너무 힘들어서 양복의 은단추와 은 목걸이, 큰 파이프를 팔았고, 결국 손수레까지 팔 수밖에 없었다고 대답했어요.

밀러가 말했어요.

"이보게 한스, 내가 자네에게 외바퀴 손수레를 주고 싶네. 한쪽 널빤지는 떨어졌고, 바퀴살 몇 개도 부러져서 그리 좋은 건 아니지만 자네에게 주도록 하지. 수레를 자네에게 주면 사람들이 나를 어리석다고 말하겠지만 난 세상 사람들과는 다르다네. 나는 헌신이 우정의 본질이라고 생각하네. 손수레는 또 사면 되니 맘을 편히 갖게나. 내가 손수레를 줄 테니…."

한스가 얼굴에 미소를 가득 머금으며 말했어요.

"자넨 정말 좋은 친구군그래. 그거 고치는 거야 식은 죽 먹기처럼 쉽지. 집에 괜찮은 널빤지가 있으니 말이네."

밀러가 말했어요.

"널빤지가 있다고? 그건 우리 헛간 지붕을 고치는 데 쓰면 딱이겠군. 지붕에 아주 큰 구멍이 나서 바로 고치지 않으면 옥수수가 모두 젖어 버릴 거야. 마침 그 얘기를 해 주니 정말 다행이군. 선행이 또 다른 선행을 부르는 일은 정말 감동이야. 내가 자네에게 손수레를 주고, 자네는 내게 널빤지를 주는 거지. 물론 널빤지보다는 손수레가 훨씬 비싸지만 진정한 친구라면 그런 것 따위에는 신경을 쓰지 않지. 당장 헛간을 고치게 어서 널빤지를 가져 오게나.”

 한스는 알겠다고 말하고는 창고에서 널빤지를 가져왔어요. 밀러는 그다지 크지 않아서 헛간 지붕을 고치고 나면 손수레까지 고치기엔 모자라겠다고 했어요. 하지만 자기 잘못도 아니라 어쩔 수 없다고 했지요. 그리고 자기가 손수레를 주었으니 한스가 보답으로 당연히 꽃을 줘야 한다고 말했어요. 큰 바구니에 꽃을 가득 채우라고 말이지요.
 한스는 밀러의 바구니에 꽃을 가득 채우면 시장에 내다 팔 꽃이 남지 않아서 은단추를 못 살까 봐 걱정이 되었어요. 밀러는 자기가 손수레를 주었으니 꽃 몇 송이 받아 가는 게 그리 대단한 일은 아니라면서 진정한 우정이라면 어떤 이기심에서도 자유로워야 한다고 말했어요. 한스는 그 말을 듣고 사랑하는 친구를 위해 자신의 정원에 있는 꽃을 다 주어도 아깝지 않다고 하면서 은단추를 사는 것보다 밀러의 고귀한 의견을 듣는 일이 더 값지다고 했어요.
 한스는 급히 달맞이꽃을 따서 밀러의 바구니에 가득 담아 주었어요. 밀러는 한쪽 어깨에 널빤지를 짊어지고, 다른 쪽에는 바구니를 들고 갔어요. 한스는 손수레를 생각하자 기분이 좋아져서 즐거운 마음으로 일을 하기 시작했어요.

4.

　다음 날 한스가 담쟁이덩굴을 손보고 있을 때 밀러가 밀가루 포대를 시장까지 날라 달라고 부탁했어요. 한스는 오늘은 너무 바빠서 안되겠다며 미안하다고 했어요. 밀러는 손수레를 준 자기의 부탁을 거절하는 게 너무 매정하다고 했어요. 한스는 자신이 매정한 사람이 아니라고 하면서 그런 말 하지 말라고 했어요. 그러고는 어깨에 큰 밀가루 포대를 지고 시장으로 가서 팔았어요. 한스는 잠자리에 들면서 정말 힘든 하루였지만 손수레를 주기로 한 친구의 부탁을 들어줘서 참 다행이라고 혼잣말을 했어요.

　다음 날 아침 일찍 밀러가 찾아왔을 때 한스는 너무 피곤해서 일어나지 못했어요. 밀러는 한스가 너무 게으르다면서 손수레까지 주기로 했는데 이러면 되겠냐고 나무랐지요. 그리고 진정한 친구라면 마음이 상할 만한 듣기 싫은 소리도 기꺼이 해야 하고, 다른 친구는 그걸 감사히 받아들여야 한다고 지껄였어요. 한스는 너무 미안하다면서 겨우 일어나 밖으로 나왔어요.

　밀러는 한스에게 자기네 헛간 지붕을 고쳐 달라고 부탁했어요. 한스는 정원 일을 못하게 될까 봐 걱정이 되었지만 제일 친한 친구의 부탁을 거절하고 싶지는 않았어요. 밀러는 한스가 지붕을 다 고쳐 갈 때쯤 나타나서는 다른 사람을 위해서 일하는 것처럼 즐거운 건 없을 거라면서 너스레를 떨었어요. 그러고는 오늘은 그만 집에서 쉬고 내일은 양떼를 몰고 산에 올라가 달라고 부탁했어요.

한스는 대꾸할 수가 없었지요. 한스는 자신의 정원에서 일을 하고 싶었지만 밀러가 계속 찾아와서 심부름을 시키거나 방앗간 일을 도와 달라고 해서 꽃을 돌볼 수가 없었어요. 한스는 무척 괴롭고 걱정스러 웠지만 밀러가 손수레까지 주기로 한 좋은 친구라 생각하고는 스스로 를 위로했어요.

그러던 어느 날 저녁에 갑자기 누가 한스네 현관문을 세차게 두드 렸어요. 비바람이 세차게 부는 날씨라서 처음에는 돌풍이라고 생각했 지요. 그런데 계속 문을 두드리는 소리가 나서 현관문을 열었더니 밀 러가 손전등과 지팡이를 양손에 하나씩 들고 서 있었어요. 밀러는 자 기 아들이 사다리에서 떨어져 다쳤다면서 자기 대신에 의사를 부르러 가 달라고 부탁했어요. 자기가 손수레를 주기로 했으니 그 보답으로 뭔가를 해 줘야 한다면서요.

한스는 자신을 믿고 찾아와 줘서 고맙다면서 길이 어두워 도랑에 빠질지도 모르니 손전등을 빌려 달라고 했어요. 밀러가 새로 산 거라 고장 나면 안 된다고 하자 한스는 괜찮다고 하면서 손전등도 없이 그 냥 갔어요. 한스는 한 치 앞도 안 보이는 무시무시한 폭풍우를 뚫고 세 시간을 꼬박 걸어서 의사에게 갔어요. 사정을 들은 의사는 급히 말을 타고 방앗간으로 갔고, 한스는 뒤따라 걸어갔지요.

칠흑 같은 어둠과 비바람이 몰아치는 날씨 때문에 길을 잃은 한스는 구덩이가 널려 있는 습지를 헤매다가 결국 물에 빠져 죽고 말았어요. 한스를 좋아했던 마을 사람 모두가 장례식에 참석했어요. 밀러는 자신이 한스와 가장 친했기 때문에 장례식을 주도하기로 했지요. 장례식이 다 끝나고 대장장이는 한스가 죽은 게 모두에게 큰 슬픔이라고 했어요. 그러자 밀러가 한 마디 했어요.

"적어도 나한테는 그래. 땅꼬마 한스에게 손수레까지 주려고 했는데 말이야. 이제 그 손수레를 어디에 써야 할지 모르겠어. 그냥 두자니 방해가 되고, 내다 팔자니 너무 망가져서 돈도 얼마 못 받을 것 같고. 다시는 다른 사람에게 뭘 주지 말아야겠어. 난 너무 너그러운 게 탈이라니까…."

물쥐는 그래서 어떻게 되었느냐고 물었다. 방울새는 이게 이야기의 끝이라고 대답했다. 물쥐는 방앗간 주인이 어떻게 되느냐고 다시 물었다. 방울새는 그건 별 관심도 없고 잘 모른다고 대답했다. 물쥐는 방울새가 인정머리가 없는 친구라고 투덜댔다. 방울새는 물쥐에게 이 이야기의 교훈을 제대로 이해했는지 물었다. 물쥐는 이 이야기에 교훈이 있었느냐고 반문했다. 그러고는 화가 나서 그런 얘기라면 시작하기 전에 말하지 그랬느냐고 타박하면서 '흥' 하고 콧방귀를 뀌고는 쥐구멍으로 쏙 들어가 버렸다.

방울새는 엄마 오리에게 물쥐 아저씨가 어떤 것 같냐고 물었다. 엄마 오리는 물쥐 아저씨가 마음이 닫힌 채로 혼자 살고 있어서 걱정이라고 대답했다. 방울새는 자기도 모르게 교훈이 있는 이야기를 해서 괜히 약만 올린 게 아닌지 걱정이라고 했다. 엄마오리도 맞장구를 치면서 교훈적인 이야기를 들려주는 것이 항상 위험한 일이라고 했다. 나도 그 말이 옳다고 생각한다.

토론해 봅시다

주제 1. 한스와 밀러는 서로에게 진정한 친구인가요?

주제 2. 친구를 위해 모든 희생을 감수하는 것이 옳은가요?

큰 바위 얼굴

너새니얼 호손(Nathaniel Hathorne)
1804~1864, 미국 작가

작품 소개

이 작품은 인성을 바탕으로 하는 바람직한 인간상을 제시한다. 인성(人性, human nature)의 사전적 정의는 '사람의 성품이나 성질, 됨됨이'다. 흔히 돈 많은 부자, 싸움 잘하는 장군, 말을 잘하는 정치인, 글을 잘 쓰는 시인 등 세속적인 성공을 거둔 사람을 이상적인 성공자로 생각하기 쉽지만 그런 외면적인 성공은 허망하기 이를 데 없다. 작가는 다양한 인물을 통해 세속적인 부와 성공은 유한하며, 사람들이 관심을 보이는 것도 잠시뿐이라는 것을 보여 준다. 그리고 자신을 낮추고 겸손하게 살며, 말과 행동이 일치된 삶을 살고, 온화함과 다정함, 지혜로움과 인격을 갖추는 삶이 더 중요하다는 것을 일깨워 준다. '큰 바위 얼굴'을 통해 외면보다는 내면이 더 중요하고, 내면의 아름다움이 자연스럽게 외면으로 나타나는 것이 좋다는 것을 은유적으로 보여 준다. 눈앞에 보이는 부와 성공에 치중하지 않으려면 어떻게 해야 할까? 외면보다 내면을 더욱 잘 가꾸려면 어떻게 해야 할까? 내면과 외면, 사상과 일상이 조화를 이루는 지혜로운 사람이 되려면 어떻게 해야 할까? 등 다양한 생각을 해 볼 수 있다.

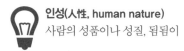

인성(人性, human nature)
사람의 성품이나 성질, 됨됨이

작품 읽기

1.

　해가 질 무렵, 어느 오두막 앞에서 어머니와 어린 아들이 나란히 앉아서 큰 바위 얼굴에 대해 이야기를 나누었다. 큰 바위 얼굴은 몇 마일이나 멀리 떨어져 있었지만 햇빛을 받아서 선명하게 보였다. 높은 산들이 병풍처럼 둘러싼 이곳의 넓은 분지 골짜기에는 순박한 사람들이 많이 모여 살았다. 골짜기에 사는 사람들의 모습은 각기 달랐지만 그들에게는 공통점이 한 가지 있었다. 바로 모든 사람이 큰 바위 얼굴에 대해 특별한 애정과 감동을 느낀다는 점이다.

　모두가 감탄하며 우러러보는 큰 바위 얼굴은 자연이 만든 위대한 작품이었다. 깎아지른 듯 가파른 절벽 위에 있는 몇 개의 바위 덩어리가 어느 정도 거리를 두고 보면 사람의 얼굴 모습과 비슷했다. 아치형의 넓은 이마는 높이가 30미터나 되었고, 길쭉한 콧날 아래로 큰 입술을 꼭 다물고 있었다. 가까이에서 보면 얼굴의 윤곽은 보이지 않고 커다란 바위들이 여기저기 아무렇게나 놓여 있는 절벽일 뿐이지만 한 발짝씩 뒤로 물러나면서 보면 사람의 얼굴과 비슷해지면서 신기하고도 거룩한 모습을 드러냈다.

이곳의 아이들이 큰 바위 얼굴을 보면서 자란다는 건 큰 행운이었다. 그 얼굴 표정은 다정하면서도 숭고해서 온 인류를 품을 만큼 웅장했으므로 그 얼굴만 봐도 큰 가르침을 받는 것과 마찬가지였다. 사람들은 골짜기의 땅이 기름지고, 농사도 잘 되는 것이 정겨우면서도 온화한 큰 바위 얼굴의 표정 덕분이라고 믿었다.

어머니와 소년 어니스트는 오두막 앞에 앉아서 큰 바위 얼굴을 바라보며 이야기를 이어 갔다. 아이가 말했다.

"어머니, 큰 바위 얼굴이 말을 할 수 있으면 좋겠어요. 저렇게 얼굴이 다정하니 목소리도 아주 좋을 것 같아요. 만약 저런 얼굴을 하고 있는 사람을 만난다면, 저는 그 분을 정말 좋아하고 존경할 거예요."

어머니가 미소를 띠며 말했다.

"옛날 사람들의 예언이 실제로 일어난다면, 우리는 언젠가 저 얼굴과 꼭 닮은 사람을 만나게 될 거야."

아이는 어떤 예언인지 궁금하다면서 어서 빨리 그 얘기를 해 달라고 졸랐다. 어머니는 자신이 아들보다 더 어렸을 적에 자신의 어머니로부터 들었던 얘기를 들려주었다.

그 이야기는 과거가 아니라 미래에 대한 것이었고, 아주 오래전부터 내려오는 것이기도 했다. 옛날에 이 골짜기에 살았던 아메리카 인디언들도 그들의 조상에게 이 이야기를 전해 들었다고 했다. 인디언의 조상이 굳게 믿는 이야기의 줄거리는 이렇다. 장차 이 골짜기 주변에서 한 아이가 태어나는데, 그 아이는 자라면서 점점 큰 바위 얼굴을 닮아 가게 되고, 나중에 운명적으로 훌륭한 인물이 된다는 것이다.

사람들은 오래된 이 예언을 굳게 믿으면서 큰 바위 얼굴을 닮은 사람이 나타나기를 기다려 왔다. 하지만 그 바람은 아직까지 이루어지지 않아서 그 예언이 그저 허황된 이야기일 뿐이라고 단정하는 사람들도 생겼다. 어니스트는 손뼉을 치면서 말했다.
"어머니, 제가 나중에 커서 그런 분을 만날 수 있다면 얼마나 좋을까요?"
마음이 따뜻하고 생각이 깊었던 어니스트의 어머니는 말했다.
"그래, 꼭 만나게 될 거야."

어니스트는 어머니가 들려준 이야기를 가슴에 새기면서 큰 바위 얼굴을 볼 때마다 다시 떠올리곤 했다. 자신이 태어난 오두막에서 어린 시절을 보낸 어니스트는 어머니의 말에 순종하는 착한 아이였고, 어머니가 시키는 일도 기꺼이 돕는 사랑스런 아들이었다. 이렇게 하루하루를 행복하게 보내면서 아이는 점점 온순하면서도 겸손한 소년으로 자랐다. 밭에서 일을 하다 보니 얼굴은 햇볕에 그을려서 검은빛을 띠었지만 유명한 학교에서 교육을 받은 친구들보다 더 총명한 눈빛을 갖고 있었다.

어니스트는 선생님이 없었지만 큰 바위 얼굴이 누구보다 훌륭한 선생님이라고 믿었다. 그는 하루 일을 마치면 몇 시간이 넘게 큰 바위 얼굴을 바라보곤 했다. 그러면 큰 바위 얼굴이 따뜻한 미소로 자신을 격려하는 것 같았다. 실제가 아니라고 어니스트의 생각이 무조건 틀렸다고 볼 수는 없다. 그는 믿음이 깊고 순수하면서 맑은 마음을 지녔기에 다른 사람들이 못 보는 것을 볼 수 있었기 때문이다. 누구나 받을 수 있는 사랑이지만 그는 자신이 더욱 특별한 사랑을 받고 있다고 믿었다.

2.

그 무렵에 어떤 소문이 돌기 시작했다. 오래된 예언처럼 큰 바위 얼굴같이 생긴 사람이 드디어 나타났다는 것이었다. 수십 년 전에 이 골짜기를 떠났던 한 젊은이가 부지런함과 비상한 재능에 행운까지 함께하여 큰돈을 벌었다. 그의 이름은 개더골드(Gather Gold, 황금을 긁어모으는 사람)라고 하는데, 그게 본명인지 별명인지는 알 수 없었다. 그는 큰 부자가 되고 나서 고향 생각을 하기 시작했고, 남은 삶을 고향에서 보내기로 결심했다.

개더골드에 대한 소문이 퍼지자 사람들은 그가 큰 바위 얼굴을 그대로 닮았다고 생각했다. 그리고 그의 아버지가 초라하게 살던 집터에 개더골드가 보낸 목수가 지은 궁궐 같은 건물이 들어서자 사람들은 소문이 틀림없는 사실이라고 믿었다. 어니스트도 드디어 예언 속의 인물이 나타났다는 생각에 무척 마음이 설레었다. 큰 바위 얼굴의 미소를 가진 천사 같은 개더골드가 너그럽고 자비로운 마음으로 불쌍한 사람들을 도울 거라고 생각했기 때문이다. 그는 늘 그래 왔듯이 큰 바위 얼굴을 바라보면서 그 얼굴이 자기에게 친절한 대답을 해 줄 거라고 상상했다.

그때 시골길을 따라 개더골드의 마차가 달려오는 소리가 들렸다. 사람들은 그를 보기 위해 구름처럼 몰려들었다. 네 마리의 말이 끄는 마차가 거의 다 도착해서 속도를 늦추었을 때 마차 창밖으로 작은 늙은이의 얼굴이 보였다. 그의 얼굴은 누런빛을 띠고 있어서 그리스 신화에 나오는 미다스(Midas)의 손으로 만든 것 같았다. 이마는 좁았고, 눈매는 매서웠으며, 눈가에는 잔주름이 자글자글했고, 얇은 입술은 꽉 다물어져 있었다. 사람들은 그의 얼굴이 큰 바위 얼굴과 똑같다면서 예언대로 위대한 인물이 나타났다고 반겼다. 하지만 어니스트의 눈에는 전혀 닮아 보이지 않아서 사람들의 반응이 이해가 안 되고, 그저 어리둥절하기만 했다.

마침 수많은 인파 속에 숨어 있던 거지들이 마차 곁으로 다가가서 손을 내밀며 구걸을 하자 누런 손이 마차 창밖으로 쑥 나오더니 동전 몇 개를 땅바닥에 떨어뜨렸다. 어니스트는 그 모습을 보면서 개더골드가 아니라 스캐터코퍼(Scatter Copper, 동전을 뿌리는 사람)라고 부르는 것이 더 좋겠다는 생각을 했다. 하지만 사람들은 계속 확신에 찬 얼굴로 그가 큰 바위 얼굴과 똑같다고 소리쳤다.

어니스트는 탐욕과 영악으로 가득 찬 주름진 그의 얼굴을 더 이상 보고 싶지 않아서 고개를 돌려 버렸다. 그가 먼 산등성이를 바라봤을 때 거기에는 큰 바위 얼굴이 햇살을 받아서 밝게 빛나고 있었다. 어니스트는 그 모습을 보고 다시 마음이 즐거워졌다. 그 온후한 입술은 어니스트에게 그 사람이 반드시 오니 걱정하지 말라고 얘기하는 것 같았다.

세월이 흘러 소년 어니스트는 어느덧 청년이 되었다. 어니스트의 일상은 주변의 다른 사람들과 비슷하게 평범한 모습이라서 그가 사람들의 주목을 받는 일은 거의 없었다. 한 가지 남과 다른 점은 하루 일을 마치고 나서 혼자 조용히 큰 바위 얼굴을 바라보면서 명상에 잠기는 일이었다. 어니스트에게 큰 바위 얼굴은 훌륭한 선생님이었지만 사람들은 그것을 잘 몰랐다. 큰 바위 얼굴은 어니스트의 가슴을 풍요롭게 만들어 주었고, 넓은 마음과 깊은 지혜를 가질 수 있게 해 주었다. 어니스트는 큰 바위 얼굴을 통해 자신을 성찰하면서 부끄러운 모습을 반성할 수 있었고, 그런 과정을 거치면서 좀 더 나은 모습이 되어 갈 수 있었다.

그는 어머니로부터 예언을 듣던 어릴 때의 순수함을 그대로 간직하면서 큰 바위 얼굴과 똑같은 모습의 사람이 어서 나타나길 간절한 마음으로 바라고 있었다. 그러던 중에 큰 바위 얼굴이라고 사람들이 믿었던 개더골드가 죽었다. 그런데 이상하게도 그의 엄청난 재산은 그가 살아 있을 때 이미 모두 없어졌고, 죽은 그가 남긴 거라곤 쭈글쭈글하고 누런 살가죽에 덮인 앙상한 알몸뿐이었다. 사람들은 그제야 장사꾼의 천한 얼굴이 장엄한 큰 바위 얼굴과 하나도 닮지 않았다는 것을 인정하게 되었고, 개더골드는 사람들의 기억에서 완전히 잊혀졌다.

3.

얼마 후에 큰 바위 얼굴을 닮은 또 다른 사람이 나타났다. 그는 이 골짜기 출신의 장군이었는데, 오랜 세월 동안 수많은 전쟁을 치르면서 유명해졌다. 그는 본명보다 올드 블러드 앤드 선더(Old Blood And Thunder, 피와 천둥의 노인)라는 별명으로 사람들에게 더 잘 알려졌다. 용맹했던 장군도 늙고 허약해지자 평생 해 온 군대 생활을 접고 고향에 돌아와 편하게 쉬기로 결심했다. 이 소문을 들은 사람들은 흥분했고, 몇 년 동안 쳐다보지도 않았던 큰 바위 얼굴을 바라보면서 저 얼굴과 똑같이 닮았다는 그 장군의 모습을 상상했다.

장군이 고향으로 돌아오는 날 사람들은 그를 맞이하면서 큰 잔치를 벌였다. 어니스트도 사람들과 함께 잔치가 열리는 숲으로 갔다. 사람들은 장군의 얼굴이 큰 바위 얼굴을 빼다 박았다면서 호들갑을 떨며 말했다. 장군이 박수갈채를 받으며 감사의 인사를 하기 위해 일어섰을 때 어니스트는 그의 얼굴을 볼 수 있었다.

그는 머리에 푸른 월계수를 두르고 있었지만 큰 바위 얼굴을 닮은 점이 거의 없었다. 그의 얼굴에는 수많은 전투와 모진 고난을 이겨 내는 과정에서 생긴 넘치는 정력과 강철 같은 의지는 드러났지만 큰 바위 얼굴의 선한 지혜로움과 따뜻하고 사랑스러운 얼굴빛은 찾아볼 수 없었다. 어니스트는 사람들 사이를 빠져나가면서 장군도 예언 속의 인물이 아니라고 중얼거리면서 한숨을 내쉬었다.

다시 평화로운 시간이 흘러갔고, 골짜기에 살던 어니스트는 이제 중년이 되었다. 그는 많이 유명하지는 않았지만 사람들 사이에서 존재가 조금씩 알려졌다. 순박한 삶을 살면서도 사람들을 위해 보람된 일을 하겠다는 희망을 키워 온 어니스트는 이 골짜기의 전도사가 되었다. 그의 높고 맑은 사상은 사람들에게 설교를 통해 전해졌다. 그가 말하는 진리는 사람들에게 깊은 감명을 안겨 주었고, 사람들이 새로운 삶을 시작하는 계기가 되기도 했다.

사람들은 가까운 이웃인 어니스트가 그런 능력을 가진 사람이라고 한 번도 생각해 본 적이 없었다. 하지만 그의 입에서 나오는 사상과 진리에는 강하면서도 한결같은 힘이 있었다. 세월이 얼마쯤 흘러 냉정을 되찾은 사람들은 장군의 험상궂은 얼굴이 큰 바위 얼굴과 닮지 않았다는 것을 깨달았다.

그 무렵, 어떤 유명한 정치가의 얼굴이 큰 바위 얼굴과 똑같다는 소문이 또 돌았다. 이번에는 신문에까지 관련 기사들이 실렸다. 그도 이 골짜기에서 태어나서 외지로 나간 후 법조계와 정치계에서 일해 왔다. 그는 부자의 재산이나 군인의 칼 대신에 정치인의 혀를 가졌다. 그런데 혀는 재산이나 칼을 합친 것보다 더 강했다. 그가 유창한 말솜씨를 발휘하면 사람들은 그의 말이면 어떤 것이든 믿었다. 그는 사람들을 사로잡는 현란한 말재주로 세상에 이름을 알렸고, 대통령 후보의 물망에까지 올랐다.

그를 추종하는 사람들은 그가 큰 바위 얼굴과 닮은 점이 있다는 사실을 발견했고, 이런 사실이 알려지면서 이 신사는 올드 스토니 피즈(Old Stony Phiz, 큰 바위 얼굴을 닮은 늙은이)라는 이름으로 전국적으로 유명세를 탔다. 그는 대통령으로 추대되기 전에 자신의 고향을 방문했다. 사람들은 그가 지나가는 것을 보려고 모여들었고, 어니스트도 그 속에 섞여 있었다.

뚜껑 없는 사륜마차 위에 앉아 있는 그 정치인은 넓고 훤한 이마에선 굵고 힘이 넘치는 생김새를 하고 있었다. 밝은 미소를 짓고 있는 그의 얼굴은 어니스트가 보기에도 큰 바위 얼굴과 닮은 것 같았다. 하지만 그의 얼굴에서는 큰 바위 얼굴의 장엄함과 위풍당당함, 위대한 사랑을 느낄 수 없었다. 옆 사람이 어니스트에게 정치인이 큰 바위 얼굴과 닮지 않았느냐고 묻자 어니스트는 조금도 닮지 않았다고 대답하면서 크게 낙심해서 그곳을 떠났다.

4.
세월은 흐르고 흘러서 어느덧 어니스트도 굵은 주름에 머리가 하얘진 노인이 되었다. 하지만 그는 나이만 먹은 게 아니라 머리의 지혜도 풍성해졌다. 그는 명예를 원하지도 추구하지도 않았지만 그의 이름은 골짜기를 넘어 세상에 널리 알려지게 되었다. 그 무렵 신의 섭리로 세상에 나왔다는 천재 시인이 등장했다. 그는 골짜기에서 태어나 도시로 이주해 살면서 시를 쓰며 일생을 보냈다. 그는 행복한 눈으로 호수와 바다, 산과 들을 포함한 세상 만물을 축복하면서 아름답고도 장엄한 시로 큰 바위 얼굴을 찬미하기도 했다.
마침내 어니스트도 이 시인의 시를 읽게 되었고, 영혼을 두드리는 듯한 엄청난 감동을 느꼈다. 한편 시인도 소문을 통해 알고 있던 지혜로운 어니스트를 만나고 싶었다. 그래서 기차를 타고 어니스트의 집을 찾아갔다. 시인이 어니스트에게 나그네인데 하룻밤 묵을 수 있냐고 물었더니 어니스트는 기꺼이 그러라고 대답했다.

시인과 어니스트는 마주 앉아서 이야기를 나누었다. 시인은 소박한 말씀씨로 위대한 진리를 막힘없이 술술 표현하는 어니스트의 인품에 반해 버렸다. 어니스트도 시인의 이야기에 감동받아서 큰 바위 얼굴이 앞에서 얘기하고 있다고 착각했다. 어니스트는 시인의 빛나는 눈을 보면서 평범한 재주를 가진 사람이 아닌 것 같다는 생각에 그가 누군지 물었다. 시인은 어니스트가 읽고 있던 시집을 가리키면서 자기가 그걸 쓴 사람이라고 대답했다.

어니스트는 다시 한 번 더욱 깊은 눈으로 시인의 모습을 자세히 살피고는 큰 바위 얼굴을 바라봤다. 그러더니 뭔가 이상하다는 표정을 지으며 시인을 보더니 갑자기 실망하는 듯했다. 그는 고개를 저으며 한숨을 쉬었다. 시인이 무슨 일인가 싶어서 왜 그렇게 슬퍼하냐고 물었다. 어니스트는 자기가 평생 동안 기다렸던 예언의 주인공이 바로 이 시를 쓴 사람이라고 생각했는데, 막상 만나보니 아닌 것 같아서 안타까운 마음이 들었다고 대답했다.

시인은 자신의 부족함을 인정하면서 시에 훌륭한 내용을 담았지만 그것을 생활과 일치시키지 못해서 스스로 확신이 없다고 말했다. 그래서 순수한 선함과 진실의 가치를 찾는 어니스트가 자신에게서 큰 바위 얼굴을 찾을 수 없는 게 너무나 당연한 일이라고 했다. 시인의 눈에는 서글픈 눈물이 고였고, 어니스트의 눈도 촉촉해졌다.

해가 질 무렵에 어니스트는 마을 사람들에게 이야기를 들려주는 곳으로 시인과 함께 갔다. 그곳은 낮은 산이 병풍처럼 둘러싸고 있는 아늑한 공터였다. 어니스트는 자연이 만든 연단에 올라서 따뜻하고 정감 있는 눈길로 사람들을 둘러봤다. 사람들은 저마다 편안한 자세를 취하고 있었고, 석양이 그들을 비추었으며, 큰 바위 얼굴이 인자한 표정으로 이 모습을 지켜보고 있었다.

어니스트는 마음속의 생각을 사람들에게 말하기 시작했다. 그의 말속에 들어 있는 사상은 일상생활과 일치되는 것이어서 깊이 있는 감동을 불러 일으켰다. 시인은 어니스트의 말에 귀를 기울이면서 그의 인격이야말로 자신의 어떤 시보다 더 고귀하다는 생각을 했다. 그리고 온화함과 다정함, 지혜로움이 깃든 얼굴에 백발이 어우러진 어니스트야 말로 성자다운 모습이라고 생각했다.

그때 기우는 태양빛을 받아 큰 바위 얼굴이 뚜렷한 모습을 드러냈다. 주위를 둘러싼 구름은 어니스트의 머리를 덮고 있는 백발처럼 보였다. 어니스트가 장엄하고도 온화한 표정을 짓자 큰 바위 얼굴이 그대로 눈앞에서 살아 움직이는 것 같았다. 시인은 참을 수 없는 충동을 느끼며 큰 소리로 외쳤다.

"보세요! 어니스트 선생님이야말로 저 큰 바위 얼굴과 똑같지 않나요?"

모든 사람이 일제히 어니스트를 쳐다봤다. 그들은 시인의 말이 사실이라는 걸 확인할 수 있었다. 예언이 드디어 실현된 것이다. 하지만 어니스트는 설교를 마치고 연단에서 내려와 시인과 함께 천천히 집으로 돌아갔다. 그리고 여전히 큰 바위 얼굴을 닮은 사람, 자신보다 더 훌륭한 사람이 어서 나타나기를 마음속으로 기원했다.

토론해 봅시다

주제 1. 어니스트는 어떻게 큰 바위 얼굴을 닮게 되었을까요?

주제 2. 겉모습을 보고 그 사람의 인성을 판단하는 것은 옳은
가요?

사람에게는 얼마나 많은 땅이 필요한가

레프 톨스토이(Lev Tolstoy)
1828~1910, 러시아 작가

작품 소개

이 작품은 사람의 탐욕이 얼마나 끝이 없고 집요한지를 보여 주면서 삶에서 진정으로 중요한 가치가 무엇인지 일깨워 준다. 가치(價値, value)의 사전적 정의는 '사물이 지니고 있는 값이나 쓸모, 철학적으로 인간이 대상과의 관계에 의해 지니게 되는 중요성'이다. 만족할 줄 모르는 탐욕에 빠져 있던 주인공은 악마에게 영혼을 팔고, 수단과 방법을 가리지 않으면서 욕심을 부리다가 결국 허망한 죽음에 이르고 말았다. 부나 명예는 우리가 이 세상을 떠날 때 가져갈 수 있는 것이 아니며, 그저 부질없는 것일 뿐임을 강렬한 스토리를 통해 전하고 있다. 이 작품을 통해 현대 사회에 만연해 있는 물질에 대한 끝없는 탐욕의 허상을 깨닫고, 어디에 참된 가치를 두고 살아야 하는지를 깊이 성찰해 볼 수 있다. 물질에 대한 욕심을 줄이려면 어떻게 해야 할까? 어느 정도가 적당한 수준의 물질적 풍요일까? '무소유'에 대해서는 어떻게 생각하는가? 우리는 어떤 것을 어느 정도 소유해야 할까? 물질 말고 가치가 있는 것은 어떤 게 있을까? 비물질적 가치에 대해서는 욕심을 부리는 것이 괜찮을까? 등 다양한 생각을 해 볼 수 있다.

가치(價値, value)
사물이 지니고 있는 값이나 쓸모. 철학적으로 인간이 대상과의 관계에 의해 지니게 되는 중요성

작품 읽기

1.

도시에 사는 언니가 시골에 사는 동생을 찾아왔다. 언니는 상인에게 시집을 가서 도시에서 살았고, 동생은 농부에게 시집가서 시골에서 살고 있었다. 동생과 차를 마시며 얘기를 나누던 언니는 깨끗한 집과 멋진 옷, 맛있는 음식, 마차 투어, 극장 관람 등 도시에서의 삶을 자랑했다. 동생은 화가 나서 상인의 생활을 얕잡아 보며 농부의 생활을 추켜올렸다.

"나는 우리 생활과 언니네 생활을 바꿀 생각이 전혀 없어요. 우리는 호화롭게 사는 건 아니지만 대신 걱정은 없어요. 언니네는 우리보다 화려하긴 하지만, 크게 돈을 벌든가 아님 아주 망하든가 둘 중 하나 아닐까요? 장사일은 불확실하지만 농사일은 확실하지요."

그러자 언니가 되받아치며 말했다.

"돼지처럼 살면서 배가 고프지 않으면 뭘 하나? 그리고 좋은 옷도 못 입고, 훌륭한 사람도 못 사귀잖아. 아무리 등골 빠지게 일해 봤자 너희들은 거름에 파묻혀 살다가 죽어 갈 거야. 너희 아이들도 마찬가지겠지."

동생이 지지 않고 말했다.

"그럼 뭐 어때요? 그게 우리의 일이잖아요. 대신에 우리는 생활이 흔들림 없고, 누구에게 머리를 숙일 필요도 없고, 누굴 무서워할 필요도 없지요. 하지만 언니네는 도시에서 유혹 속에 살아가고 있어요. 오늘은 좋을지 모르지만 내일은 형부가 노름이나 술독, 아니면 어떤 마귀에게 홀릴지도 모르지요. 그땐 모든 게 끝장나는 거 아닐까요?"

동생의 남편 빠홈은 난롯가에 앉아서 두 사람의 이야기를 듣고 있다가 말했다.

"그건 맞는 말이야. 우린 어릴 때부터 땅을 일구며 살았기 때문에 바보 같은 생각은 하지 않지. 한 가지 안타까운 일은 땅이 모자란다는 거야. 땅만 많다면 이 세상에 겁날 사람이 없을 거야. 악마도 말이지!"

여자들은 차를 다 마신 후에도 한 동안 옷에 대한 얘기를 나누다가 찻잔을 치운 다음에 잠자리에 들었다. 그런데 악마가 난로 뒤에 숨어서 이 말을 다 듣고 있었다. 악마는 농부가 아내의 말에 우쭐해하는 모습을 보고 무척 기뻤다. 농부는 땅만 있으면 악마도 두렵지 않다고 큰소리를 쳤던 거다. 악마는 이런 생각을 했다.

'좋아, 어디 한 번 겨뤄 보자. 내가 땅으로 널 사로잡아 버리겠어.'

이 마을에 한 여지주가 살았는데, 그녀에게는 약간의 땅과 머슴들이 있었다. 갖고 있는 땅은 120제사찌나(약 1헥타르, 3천평)였다. 지금까지 그녀는 농부들과 사이좋게 지내면서 함부로 대하는 일이 없었다. 그런데 얼마 전에 군에서 제대한 사람이 관리인으로 들어온 후에 툭하면 농부들에게 벌금을 물리면서 괴롭혔다.

빠홈이 아무리 조심해도 가축들이 여지주의 밭에 들어가는 일이 생겨서 그때마다 벌금을 물곤 했다. 빠홈은 벌금을 물 때마다 식구들에게 욕을 하거나 때리곤 했다. 빠홈은 이 관리인 때문에 여름 동안 많은 죄를 지었다. 그래서 날이 추워서 가축을 우리에 가두게 되자 오히려 마음이 편했다. 먹이를 주는 게 아까웠지만 걱정거리는 없어졌기 때문이다.

2.

그런데 그해 겨울에 여지주가 땅을 팔려고 내놓았고, 여관 주인이 그 땅을 사려 한다는 소문이 돌았다. 소문을 듣고 농부들은 한숨을 쉬었다. 농부들은 여관 주인이 땅을 소유하면 여지주보다 더 많은 벌금을 물리고, 자신들을 더욱 괴롭힐 거라고 생각했다. 그래서 떼를 지어 여지주를 찾아가 여관 주인에게 땅을 팔지 말고 자기들에게 넘기라고 사정했다. 여관 주인보다 더 많은 돈을 주겠다고 하자 여지주는 승낙

했다.

농부들은 공동으로 땅을 사려고 몇 번 모였지만 의견이 맞지 않았다. 악마가 방해를 했기 때문에 의견을 한 곳으로 모을 수 없었던 것이다. 그래서 농부들은 각자 형편대로 땅을 사기로 했고, 여지주도 승낙했다. 빠홈의 옆집에 사는 농부는 20제사찌나의 땅을 사기로 했다. 빠홈은 그 농부가 땅을 사면서 돈을 반만 주고 나머지 반은 일 년 후에 주기로 했다는 말을 들었다.

빠홈은 옆집 농부를 부러워하면서 아내와 상의해 10제사찌나 정도의 땅을 사기로 마음먹었다. 부부는 어떻게 땅을 살 수 있을지 연구했다. 그들에게는 저축한 돈이 100루블 있어서 망아지 한 마리와 벌꿀 절반을 팔고, 아들을 하인으로 보내고, 동서에게 빚을 내서 겨우겨우 땅값의 절반인 200루블을 모았다. 돈이 마련되자 빠홈은 작은 숲이 있는 15제사찌나의 땅을 사기 위해 여지주의 집을 찾아갔다. 빠홈은 계약금으로 10%를 치르고, 읍에서 매매 수속을 마친 후에 땅값의 절반만 주고 나머지 절반은 2년 내에 주기로 했다.

그렇게 빠홈은 땅을 갖게 되었다. 빠홈은 씨앗을 빌려서 땅에 뿌렸고, 곡식은 잘 컸다. 그리고 일 년 만에 땅값과 땅을 사느라 진 빚을 모두 갚을 수 있었다. 진짜 땅주인이 된 빠홈은 자기 땅에서 씨앗을 심고, 풀을 베고, 땔감을 베고, 가축을 기르는 일이 그렇게 기쁠 수가 없었다. 행복한 생활을 누리고 있을 즈음 다른 사람들의 가축들이 빠홈의 곡식과 풀밭을 짓밟는 일이 생겼다. 처음에는 점잖게 주의해 달라고 부탁을 했지만 소용이 없었다. 하지만 빠홈은 가축들을 내쫓기만 했지 한 번도 고소하지는 않고 용서해 줬다.

그래도 그런 일이 반복되자 빠홈은 도저히 참을 수가 없어서 법원에 고소를 했다. 빠홈은 사람들이 그러는 건 마음이 나빠서가 아니라 땅이 좁아서라는 걸 알고 있었다. 하지만 이대로 놔두면 사람들이 자기 농사를 다 망쳐 버릴 것 같아서 혼을 좀 내주려는 생각이었다. 빠홈은 두 번 정도 재판을 걸어서 두 사람에게 벌금을 물게 했다. 그러자 사람들은 빠홈을 원망하면서 이번에는 일부러 밭을 짓밟았다.

얼마 후 어떤 사람이 밤중에 숲속으로 몰래 들어가 열 그루의 보리수나무를 베어 버린 사건이 생겼다. 빠홈은 화가 나서 복수를 하기로 결심했다. 빠홈은 셈까를 의심하고 그를 고소했다. 하지만 셈까는 증거가 없어서 무죄가 되었다. 빠홈은 더욱 화가 나서 재판관과 이장하고도 욕을 하며 싸웠다. 빠홈은 재판관과 이웃들을 상대로 싸웠고, 사람들은 빠홈의 집에 불을 지르겠다고 협박했다. 빠홈은 넓은 땅을 가졌지만 좁은 세상에서 살게 되었다.

그러던 중에 마을 농부들이 새로운 마을로 옮겨 가려 한다는 소문이 들렸다. 빠홈은 생각했다.

'나는 내 땅이 있으니 떠날 이유가 없어. 마을 사람들이 떠나면 그들의 땅을 사들여서 주변을 모두 내 것으로 만들어야겠어. 그럼 생활도

나아지겠지. 지금은 너무 좁은 것 같아.'

어느 날 빠홈이 집에 있을 때 길을 가던 나그네 한 사람이 찾아왔다. 빠홈은 나그네에게 밥을 주고 잠자리도 제공했다. 나그네와 얘기를 나누던 빠홈은 어디서 왔느냐고 물었다. 그는 저 멀리 볼가강 지역에서 왔고, 거기서 일한다고 대답했다. 그리고 많은 사람이 그리로 이사를 오고 있다고 했다. 이사를 와서 마을 조합에 들면 한 사람당 10제사찌나의 땅을 나눠 준다는 말도 덧붙였다. 나그네는 그곳이 너무 기름진 땅이라 호밀 농사가 잘 되는 덕분에 어떤 농부가 맨손으로 와서 여섯 마리의 말과 두 마리의 암소를 갖게 되었다는 말도 했다. 빠홈은 뛰는 가슴을 진정시키며 이렇게 생각했다.

'그렇게 잘살 수 있으면 이렇게 좁은 곳에서 힘들게 살 필요가 없어. 여기 땅과 집을 팔아서 거기서 살아 보자. 여기처럼 좁은 곳에서 살다가는 죄만 지을 뿐이야. 어쨌든 내 눈으로 직접 보고 와야겠다.'

3.

여름이 되자 빠홈은 짐을 챙겨서 길을 떠났다. 배를 타기도, 걷기도 하면서 마침내 볼가강에 도착했다. 모든 게 듣던 그대로였다. 농부들은 조합을 통해 얻은 10제사찌나의 땅을 일구며 여유롭게 살고 있었다. 돈이 있는 사람은 조합에서 나눠 주는 땅 외에도 3루블만 지불하면 제일 좋은 땅을 원하는 대로 살 수 있었다. 자세한 사정을 알게 된 빠홈은 집으로 돌아와 모든 재산을 팔아서 다음 해 봄에 가족과 함께

새 고장으로 이사했다.

빠홈은 새 고장에서 다른 사람들의 다섯 배나 되는 50제사찌나의 땅을 갖게 되었다. 마음대로 얻을 수 있는 기름진 땅을 계속 일구니 재산도 10배나 불어나서 무척이나 기뻤다. 그런데 어느 정도 자리가 잡히자 이 땅도 좁다는 생각이 들었다. 밭에 밀을 더 심으려고 했더니 땅이 모자랐던 것이다.

빠홈은 농사를 더 짓고 싶어서 어느 상인을 찾아가 1년 동안 땅을 빌렸다. 다행히도 밀농사는 풍년이었다. 그런데 주위에 농사를 지으면서 장사도 하는 사람들이 농장을 갖고 있었다. 빠홈은 빌린 땅을 영원히 자신의 것으로 만들어서 농장을 짓고 산다면 더 부러울 게 없겠다고 생각했다.

빠홈은 3년 동안 빌린 땅에서 밀농사를 지었다. 해마다 풍년이어서 돈도 많이 모았다. 생활은 넉넉했지만 매년 다른 사람들에게 땅을 빌리려고 애걸복걸하는 일이 지겨웠다. 그래서 빠홈은 영원히 자기 것으로 만들 수 있는 땅들을 알아봤다. 마침내 500제사찌나의 땅을 갖고 있다가 망해서 싼값에 땅을 판다는 농부를 찾아냈다. 빠홈은 그 사람과 흥정을 해서 1,500루블에 그 땅을 사기로 하고 땅값의 절반은 나중에 주기로 했다.

이렇게 흥정이 끝나갈 무렵에 한 장사꾼이 먹을 것을 좀 달라며 빠홈의 집에 들렀다. 장사꾼은 저 멀리 바쉬끼르에서 왔다면서 자신이

1,500제사찌나의 땅을 1,500루블에 산 얘기를 했다. 빠홈이 자세히 묻자 장사꾼은 노인들의 기분만 잘 맞춰 주면 된다면서 땅문서까지 보여 줬다. 그리고 그 땅은 냇물을 끼고 있는 초원인데, 일 년을 걸어도 다 돌지 못한다고 했다. 장사꾼은 바쉬끼르 사람들은 양처럼 순해서 선물만 주면 거의 공짜로 땅을 살 수 있다고 덧붙였다. 이 말을 듣자 빠홈은 이렇게 생각했다.

'500제사찌나의 땅을 빚까지 져 가면서 1,500루블에 살 필요가 있을까? 거기에 가면 1,500루블에 땅을 얼마든지 살 수 있을 텐데 말이야!'

다음 날 빠홈은 하인 한 사람만 데리고 길을 떠났다. 바쉬끼르에 도착하자 모든 것은 장사꾼의 말과 같다는 걸 알았다. 사람들은 가축들이 떼를 지어 돌아다니는 초원에서 살고 있었는데, 술과 차를 마시며 여유롭게 즐기고 있었다. 빠홈이 통역에게 땅을 사러 왔다고 하자 사람들은 매우 기뻐하며 반겼다. 그리고 빠홈이 준 선물에 고마워하면서 답례로 원하는 걸 선물로 주겠다고 했다.

빠홈은 바쉬끼르의 기름진 땅이 마음에 든다고 했다. 그러자 사람들은 이장을 불러서 얘기했고, 이장은 어디든 손으로 가리키기만 하면 빠홈의 땅이 된다고 말했다. 빠홈은 약속을 확실히 하고 싶어서 계약서를 쓰자고 했다. 빠홈이 땅값이 얼마냐고 묻자 이장은 하루치에 1,500루블이라고 했다. 빠홈이 그걸 어떻게 재느냐고 물었더니 이장은 하루에 걷는 만큼 그 사람의 땅이 된다고 대답했다. 빠홈이 놀라서 물었다.

"하루 종일 걸어 다닌다면 상당히 많은 땅이 되겠는데요?"

이장이 웃으며 말했다.

"그게 모두 당신 땅이 되지요. 다만 한 가지 조건이 있답니다. 만약 하루 안에 출발했던 곳으로 돌아오지 못한다면 당신 돈은 받지 못하게 됩니다."

빠홈은 자신이 돌아다닌 곳을 어떻게 표시하느냐고 물었다. 이장은 사람들과 함께 빠홈이 원하는 장소에 가서 기다리겠다고 하면서 거기서 출발해서 가는 도중에 삽으로 표시를 하고, 한 바퀴 돌아서 오면 된다고 대답했다. 이장은 어디로 돌아오든 상관없지만 반드시 해가 떨어지기 전까지 출발했던 장소로 돌아와야 자신의 땅을 가질 수 있게 된다고 한 번 더 당부했다. 빠홈은 다음 날 아침 일찍 출발하기로 하고, 기쁜 마음에 사람들과 어울려 술과 고기를 먹으며 만찬을 즐겼다.

빠홈은 천막에 누워서 새로 얻게 될 땅을 어떻게 할지 생각하다가 잠을 못 이루고 새벽에야 잠이 들었다. 그는 자면서 꿈을 꿨다. 갑자기 누가 밖에서 큰 소리로 웃고 있어서 침대에서 일어나 밖으로 나갔다. 그랬더니 이장이 천막 앞에 앉아서 뭐가 그리 우스운지 배를 잡고 뒹굴고 있었다. 빠홈은 뭐가 그렇게 웃기냐고 물었다. 그런데 그 사람은 바쉬끼르 이장이 아니라 집에 들렀던 장사꾼으로 보였다. 그래서 여기

온 지 오래되었냐고 물었는데, 그 사람은 장사꾼이 아니라 볼가강 쪽에서 찾아왔던 나그네로 바뀌어 있었다.

빠홈이 다시 자세히 보니 그 사람은 나그네도 아니고 뿔과 발톱을 가진 악마였다. 박장대소를 하며 웃고 있는 악마 앞에는 바지와 셔츠 차림의 한 사나이가 맨발로 누워 있었다. 빠홈이 이건 또 누군가 자세히 살펴봤더니 그 사나이는 바로 죽은 자신이었다. 빠홈은 깜짝 놀라서 잠이 깼다.

4.

날이 밝아 오자 빠홈은 사람들을 깨웠다. 사람들은 빠홈에게 차를 대접하려 했지만 그는 늦기 전에 빨리 가자고 재촉했다. 빠홈은 삽을 챙겨서 머슴과 함께 마차를 타고 떠났다. 바쉬끼르 사람들과 함께 초원의 언덕에 이르렀을 때 아침이 되었다. 이장은 언덕 아래로 보이는 땅이 모두 자기들 것이니 아무 곳이나 골라잡으라고 했다. 빠홈은 이글거리는 눈으로 땅을 살펴봤다. 이장은 모자를 벗어서 땅위에 놓으면서 말했다.

"자, 이게 표식입니다. 여기서 출발해서 다시 이곳으로 돌아오면 됩니다. 한 바퀴 돌아오면 거기 땅은 모두 당신 것이 되는 겁니다."

빠홈은 떠날 준비를 단단히 하고 먼저 해 뜨는 쪽으로 방향을 정했다. 해가 뜨자마자 그는 삽을 어깨에 메고 출발했다. 그는 처음에는 보통 속도로 걸어갔지만 시간이 갈수록 발걸음이 점점 빨라지기 시작했다. 잠시 후 그가 뒤를 돌아봤을 때 햇볕에 환히 빛나는 언덕에 사람들이 서 있었다. 빠홈은 점점 더워지자 조끼를 벗어서 어깨에 걸치고 걸었다.

하루에 네 구덩이를 파야 하므로 아침을 먹는 둥 마는 둥 허기만 달래고 그는 계속 걸었다. 빠홈은 걸리적거리는 장화를 벗어서 허리띠에 매고는 다시 걷기 시작했다. 그는 조금만 더 걷다가 왼쪽으로 꺾기로 했다. 하지만 가다 보니 땅이 너무 좋아서 버리기 아깝다는 생각에 계속 똑바로 걸어갔다. 뒤돌아봤더니 언덕은 아득히 멀게 보였고, 사람들은 개미처럼 작게 보였다. 땀을 비 오듯이 흘린 그는 타는 목을 축이기 위해 잠시 멈췄다. 그리고 그제야 방향을 틀기로 하고 첫 번째 구덩이를 파서 풀을 놓았다. 그러고는 물을 잔뜩 들이켠 다음에 급히 왼쪽으로 구부러져 갔다.

어느덧 점심때가 되어 빠홈은 걸음을 멈추고 잠시 쉬기로 했다. 그는 빵과 물만 급히 먹었고, 잠들 것 같아서 눕지는 않았다. 그는 다시 걷기 시작했다. 처음에는 빵을 먹고 힘을 내서 걸었는데, 조금 있으니 졸음이 와서 힘들었다. 그는 한 시간만 참으면 평생 편히 살 수 있다는 생각에 계속 걸었다. 빠홈은 이쪽도 많이 걸었으므로 다시 방향을 틀려고 했다. 그런데 마침 근처에 그냥 버리기에는 아까운 물기를 머금은 분지가 있었다. 그는 곧장 걸어가서 분지를 차지하고 두 번째 구덩이를 파서 풀을 놓았다.

빠홈이 언덕 위를 봤을 때 희뿌연 공기 속에서 뭔가 아른거리고, 사람들의 모습이 희미하게 보였다. 그는 두 쪽을 길게 잡았으니 한 쪽은 조금 짧게 잡으려는 생각으로 세 번째 모퉁이를 향해 걸음을 재촉했다. 해를 쳐다보니 벌써 반나절이 지나 있었다. 그래서 그는 땅 모양이 비뚤어지더라도 이제는 출발지를 향해 곧바로 가야겠다고 생각했다. 그는 세 번째 구덩이를 파서 풀을 놓고는 언덕으로 향했다.

빠홈은 너무 힘이 들었다. 온몸이 땀으로 범벅이 되었고 맨발은 상처가 나서 잘 걸을 수가 없었다. 잠깐 쉬고 싶었지만 그럴 수는 없었다. 해가 질 때까지 출발했던 곳으로 돌아갈 수 없을 것 같았기 때문이다. 해는 점점 서쪽으로 기울어 갔다. 그는 땅을 너무 많이 차지하려다 시간 내에 도착하지 못하면 어떡하나 걱정했다. 초초해진 그는 힘든 걸 이기고 쉼 없이 걷고 또 걸었다. 하지만 가도 가도 여전히 갈 길은 멀기만 했다. 그는 결국 뛰기 시작했다. 조끼와 장화, 물통도 모두 버리고 삽을 지팡이 삼아 뛰었다.

그는 욕심 때문에 해가 떨어지기 전에 못갈 것 같다는 생각이 들자 숨이 막혔다. 그는 있는 힘을 다해 달리기 시작했다. 바지와 셔츠는 땀에 흠뻑 젖었고, 입은 바짝 말랐다. 심장은 망치질을 하듯 펄떡이고, 다리는 자기 다리가 아닌 것처럼 휘청거렸다. 그는 너무 힘을 많이 써서 죽지나 않을지 걱정되었다. 죽음은 두려웠지만 중간에 그만두면 사람들이 바보라고 놀릴까 봐 멈출 수가 없었다.

달리고 또 달려서 출발점에 다다랐을 때 사람들이 그를 향해 지르는 괴성을 들었고, 그의 가슴은 더욱 뜨거워졌다. 그는 마지막 힘을 다해 달렸으나 해는 곧 떨어지고 말았다. 빠홈은 사람들이 자기에게 손을 흔들며 빨리 오라고 하는 걸 봤다. 땅위에 있는 모자와 돈, 옆에서 배를 붙잡고 웃고 있는 이장도 보였다. 그는 어젯밤의 꿈이 머리에 떠올랐다.

'땅은 많이 얻었지만 하느님이 거기에 살도록 해 주실까? 아! 내가 나를 망쳤구나! 아무래도 출발점까지 못 갈 것 같다.'

빠홈이 쓰러지듯이 언덕 밑에 도착했을 때 해가 져서 갑자기 날이 어두워졌다. 그는 바쉬끼르 사람들이 떠들어 대는 소리를 들으면서 언덕 위에서 보면 해가 아직 지지 않았을지도 모른다고 생각했다. 그는 용기를 내서 언덕 위로 달려 올라갔고, 거기에서 모자 앞에 앉아 배를 잡고 웃고 있는 이장을 봤다. 빠홈은 꿈 생각을 하고 '아!'라고 소리쳤다. 그는 발걸음이 떨어지지 않았지만 앞으로 쓰러지면서 두 손으로 모자를 잡았다. 이장이 소리쳤다.

"정말 장하세요! 이제 많은 땅을 가지게 되셨군요."

빠홈의 머슴이 달려가 그를 일으켜 세우려 했지만 그의 입에서는 피가 흘렀다. 그는 죽어서 쓰러져 있었던 것이다. 바쉬끼르 사람들은 혀를 차면서 빠홈의 죽음을 안타깝게 생각했다. 머슴은 삽으로 빠홈의 무덤을 파고 거기에 그를 묻었다. 머리부터 발끝까지 그가 차지할 수 있는 땅은 정확하게 2미터 정도밖에 되지 않았다.

토론해 봅시다

주제 1. 빠훔은 왜 죽을 때까지 걸었을까요?

주제 2. 죽을 수도 있는 위험한 일에 욕심을 부리면서 도전하는 것은 옳은가요?

쥘르 삼촌

기 드 모파상(Guy de Maupassant)
1850~1893, 프랑스 작가

작품 소개

이 작품은 인간의 이중성과 참다운 가족의 의미를 생각하게 한다. 가족(家族, family)의 사전적 정의는 '혈연, 혼인, 입양, 친분 등으로 관계되어 같이 일상의 생활을 공유하는 사람들의 집단이나 그 구성원'이다. 사람들은 대부분 권력자, 유명한 사람, 부자 등 사회적으로 성공한 이들에게 아첨한다. 마치 그들의 성공이 자신에게 어떤 유익이 될 것이라고 생각하며 맹목적으로 매달리기도 한다. 그러나 그 상대가 사회적으로 비난 혹은 멸시의 대상이 되면 그동안 쌓아 왔던 유대 관계를 부끄러워하며 멀리 거리를 두거나 자신을 합리화하기 바쁘다. 모파상은 쥘르 삼촌의 이야기를 통해 피를 나눈 형제임에도 그가 성공했다는 이야기를 들었을 때는 막연한 동경과 사랑을 보내다가 실제 모습이 실패자라는 것을 알게 되자 실망하면서 존재 자체를 부정해 버리는 가족들의 이기심과 이중성을 보여 준다. 진정한 가족의 의미는 무엇일까? 각 구성원은 가족에 대해서 어떤 생각을 하고 있을까? 우리는 과연 부모나 형제, 자녀를 있는 모습 그대로 사랑하고 있을까? 존재 자체로 사랑한다는 것은 어떤 의미일까? 가족 중에 한 사람이 사회적인 낙오자가 되어도 끌어안을 수 있을까? 등 다양한 생각을 해 볼 수 있다.

가족(家族, family)
혈연, 혼인, 입양, 친분 등으로 관계되어 같이 일상의 생활을 공유하는 사람들의 집단이나 그 구성원

작품 읽기

1.

하얀 수염의 늙은 거지가 손을 우리에게 내밀었다. 친구인 조제프 다브랑슈는 그에게 5프랑을 주었다. 내가 놀란 표정을 짓자 그는 이렇게 말했다. 저 거지를 보니까 늘 머릿속에서 떠나지 않는 추억이 하나 생각난다네. 내 얘길 한 번 들어보게나.

우리 가족은 아브르에서 살았는데, 그리 부유하진 않아서 겨우 살아갈 정도였지. 아버지는 직장에서 밤늦게까지 일했지만 수입은 많지 않았어. 내 위로는 누나가 둘 있었고. 어머니는 살림이 어렵다며 많이 괴로워했어. 그래서 가끔 아버지 귀에 거슬리는 말도 하고 은근히 불만 섞인 비난도 했다네. 그럴 때면 아버지는 아무 대답도 못하고 손으로 땀을 닦으려는 것처럼 땀이 나지도 않는 이마에 손을 얹곤 했어. 나

는 그분의 난처하고도 괴로운 심정을 느낄 수 있었네.

우리는 모두 힘을 합쳐 절약했네. 답례 때문에 식사 초대에도 가지 않았고, 식료품은 깎아서 샀으며, 물건은 중고를 주로 샀지. 누나들은 자기 옷을 스스로 만들어 입었고, 얼마 하지 않는 레이스를 살 때도 흥정을 오랫동안 했네. 우리는 기름이 떠다니는 수프와 양념 고기를 주로 먹었는데, 난 다른 음식을 먹고 싶었지. 만약 단추를 잃어버리거나 바지가 찢어지면 엄청 혼나야 했다네.

하지만 우리는 일요일마다 잘 차려입고 부두로 산책을 나갔지. 아버지는 무릎까지 내려오는 프록코트에 정장용 실크해트를 쓰고 검은색 장갑까지 끼고는 축제날의 배처럼 화려한 복장을 하고 있는 어머니에게 팔을 내주었다네. 누나들은 가장 먼저 떠날 준비를 끝내고 출발 신호를 기다리곤 했지. 하지만 막 떠나려고 할 때면 아버지의 프록코트에서 눈에 안 띄던 얼룩이 발견돼서 헝겊 조각에 벤젠을 묻혀서 재빨리 다 지워야 했다네. 아버지는 실크해트를 쓴 채 셔츠만 입고는 작업이 끝나기만 기다렸고, 어머니는 돋보기를 고쳐 쓰고는 때가 묻을까 조심하면서 장갑을 벗고 서둘렀지.

우리는 당당하고 힘찬 발걸음으로 길을 나섰다네. 시집갈 나이가 된 누나들은 거리에 나왔을 때 사람들의 눈에 잘 띄도록 서로 팔짱을 끼고 앞서 갔지. 그 당시 산책할 때 가여운 줄도 모르고 으스대던 부모님의 모습이 지금도 눈앞에 아른거리는 것 같네. 그들은 마치 걸음걸이가 중요한 문제라도 되듯이 몸을 꼿꼿하게 세우고 다리를 곧게 뻗으면서 예의 바르게 걸어갔지.

2.

매주 일요일에 미지의 먼 나라에서 온 큰 배들이 항구로 들어오는 광경을 볼 때마다 아버지는 늘 똑 같은 말을 하곤 했지.

"그래! 쥘르가 저기에 타고 있다면 얼마나 좋을까?"

아버지의 동생인 쥘르 삼촌은 모든 식구들의 유일한 희망이었네. 나는 그에 대한 얘기를 어려서부터 들었는데, 한때는 공포의 대상이기도 했지. 그래서 너무 친숙한 나머지 첫눈에 그를 알아볼 것 같았다네. 나는 미국으로 떠나던 날까지 그가 어떤 생활을 했는지 자세한 부분까지 모두 알고 있었지. 그 무렵에 그의 생활에 대해서는 작은 소리로만 얘기를 했지만 말이네.

그는 돈을 낭비하는 못된 짓을 한 것 같았네. 가난한 친척들에게 그런 피해를 입히는 것보다 더 큰 죄는 없지. 돈 많은 사람들이 볼 때면 살짝 맛이 가서 철딱서니 없는 짓을 했다며 웃어 넘기겠지. 하지만 가난한 사람들에게는 부모의 재산을 축낸 고약한 놈이자, 나쁜 놈에, 불량배가 되는 것이네. 똑같은 행위지만 그렇게 구분하는 것이 옳다고 생각하네. 왜냐하면 행동의 중요성을 결정짓는 것은 결과뿐이기 때문이라네.

어쨌든 쥘르 삼촌은 자기 몫을 다 써 버린 후에 아버지가 기대를 걸고 있었던 할아버지의 유산까지 많이 축냈다네. 그는 당시의 많은 사람이 그랬던 것처럼 아브르에서 뉴욕행 상선을 타고 미국으로 떠났지. 쥘르 삼촌은 그곳에서 어떤 장사를 시작했다네. 그는 곧 편지를 보내서 돈을 좀 벌었고, 아버지에게 입힌 손해를 갚고 싶다고 했네. 이 편지는 집안 식구들에게 큰 감동을 줬지. 값어치가 전혀 없는 인간이라는 말을 듣던 쥘르 삼촌은 갑자기 훌륭한 사람, 양심적인 인간, 다브랑슈 가문의 다른 사람들처럼 진짜 정직한 다브랑슈가 되었네. 뿐만 아니라 그가 큰 가게를 빌려서 대단한 사업을 하고 있다는 소식을 들려주던 선장도 있었지.

몇 년 후에 다시 편지가 왔다네. 삼촌은 내 아버지에게 건강히 잘 지내고 있고, 사업도 잘 되니 걱정하지 말라고 하면서 남아메리카로 여행을 떠날 예정이라 당분간 소식을 전할 수 없다고 했지. 그리고 한밑천 크게 잡으면 아브르로 돌아와 행복하게 살 수 있을 거라며 가족들을 안심시켰네. 집안 식구들에게 이 편지는 복음서가 되었지. 툭하면 식구들은 편지를 꺼내 읽었고, 집에 오는 사람들에게도 자랑삼아 보여줬다네.

사실 그로부터 10년 동안 쥘르 삼촌은 아무 소식도 전해 주지 않았지. 하지만 시간이 갈수록 아버지의 희망은 커졌다네. 어머니도 가끔 쥘르 삼촌이 오기만 하면 우리 형편이 달라질 거라고 말했지. 그리고 아버지는 일요일마다 큰 기선이 뱀 같은 연기를 하늘로 뿜어내며 수평선을 지나서 다가오는 것을 볼 때면 늘 똑같은 말을 반복했네.

"그래! 쥘르가 저기에 타고 있다면 얼마나 좋을까?"

가족들은 마치 그가 손수건을 흔들며, 큰 소리로 자신들을 반기는 것 같은 환상에 젖었다네.

가족들은 삼촌이 확실하게 돌아온다고 믿고 많은 계획을 세웠지. 삼촌이 번 돈으로 앵구빌 근처에 작은 별장도 살 예정이었다네.

3.

그 당시 큰누나는 스물여덟, 작은누나는 스물여섯이었는데, 모두 미혼이라 온 집안의 걱정거리였지. 어느 날 작은누나에게 구혼자가 나타났다네. 돈은 없지만 점잖은 회사원이었어. 이 청년이 망설임을 끝내고 결심을 하게 된 데는 어느 저녁에 보여 준 쥘르 삼촌의 편지가 큰 영향을 미쳤다고 나는 믿고 있다네.

그의 청혼은 기분 좋게 받아들여졌고, 결혼식을 올린 다음에 가족이 함께 저지로 여행을 가기로 결정했지. 저지는 정기선으로 바다를 건너기만 하면 갈 수 있고, 영국에 속한 섬이라 프랑스인이 자기네 땅에서 영국기가 휘날리는 모습을 볼 수 있어서 가난한 사람들에게는 이상적인 여행지라네. 저지 여행은 집안 식구들의 최대 관심사이자 한순간도 잊지 못할 꿈, 유일한 기다림이 되었다네.

드디어 출발일이 되었지. 나는 그게 어제 있었던 일처럼 눈에 선하다네. 그랑빌 부두에 정박해 있던 증기선에서 기적이 울렸고, 우리는 배에 올랐다네. 배는 부두를 떠나서 푸른 대리석 탁자처럼 평평한 바다 위로 미끄러지듯 나아갔지. 우리는 여행을 많이 못해 본 사람들이 느끼는 행복감과 뿌듯함을 느끼면서 멀어져 가는 해안을 바라봤네. 잠시 후 아버지는 문득 두 신사가 귀부인 두 명에게 굴을 사 주는 모습을 봤다네. 누더기 옷을 걸친 한 늙은 노인이 굴 껍데기를 칼로 까서 신사들에게 주면 신사들은 그걸 귀부인에게 건넸지. 부인들은 옷이 더러워질까 봐 손수건에 굴 껍데기를 올려놓고는 입을 앞으로 내밀고 요령 있게 국물을 빨아 마신 후에 굴 껍데기를 바다에 던졌지.

아버지는 배 위에서 굴을 먹는 색다른 행동에 마음이 끌렸지. 그래서 어머니와 누나들에게 굴을 먹고 싶냐고 물었네. 어머니는 비용이 들까 봐 주저했지만 누나들은 바로 찬성했지. 어머니는 자기는 배탈이 날까 봐 겁나니 애들이나 사 주라고 하면서 투덜댔다네. 그런데 어머니는 나쁜 버릇이 들면 안 된다고 하면서 나만 쏙 뺐지. 그래서 나는 어머니 옆에 남게 되었다네.

나는 불만을 속으로 삭이며 아버지가 으스대면서 두 딸과 사위를 데리고 굴 파는 노인에게 다가가는 것을 바라봤다네. 아버지는 어떻게 해야 국물을 안 흘리고 먹을 수 있는지 누나들에게 가르쳐주셨지. 직접 시범을 보여 주려고 굴 하나를 손에 들고는 귀부인들의 흉내를 내려고 했지만 국물을 프록코트 위에 쏟고 말았다네. 어머니는 또 저런 다면서 투덜댔지.

그때 갑자기 아버지가 놀라더니 몇 걸음 뒤로 물러서면서 굴 껍데기를 까는 노인 주위에 있던 식구들을 뚫어져라 쳐다보고는 급히 우리가 있는 곳으로 돌아왔다네. 얼굴이 무척 창백했고, 눈빛도 이상했다네. 아버지는 이상하게도 굴 껍데기를 까는 사람이 쥘르와 똑같이 생겼다고 어머니에게 속삭이듯 말했지. 어머니는 무슨 말인지 모르겠다는 반응이었네. 아버지가 다시 미국에서 잘나가고 있다는 걸 아니까 망정이지 그렇지 않다면 쥘르가 틀림없다는 생각이 들겠다고 말했지. 어머니는 어처구니가 없다는 듯 미친 거 아니냐면서 아닌 줄 알면서 왜 그런 바보 같은 소리를 하냐고 아버지를 나무랐네. 아버지는 마음을 접지 못하고 어머니에게 이렇게 말했지.

"여보, 당신이 직접 가서 확인해 줘요."

어머니는 자리에서 일어나 딸들이 있는 곳으로 갔지. 나도 그 사람을 봤는데, 늙고 주름살투성이에 못생겼지만 자기가 하는 일에 집중하고 있었지. 어머니는 다시 돌아왔고, 나는 어머니가 부들부들 떠는 걸 봤다네. 어머니는 재빨리 이렇게 말했지.

"틀림없이 그 사람이니 선장에게 가서 알아보세요. 하지만 형편이 이러니 우리가 떠맡지 않도록 조심해야 돼요."

아버지는 우리에게서 벗어나 선장에게 갔지. 나는 이상하게도 마음이 들떠서 아버지를 쫓아갔네.

4.

아버지는 선장에게 다가가 조심스레 인사말을 건네면서 하는 일에 대해 질문을 했네. 이것저것 물어보다가 우리가 타고 있던 '엑스프레스 호'에 대해 이야기를 하더니 승무원들에게로 화제가 돌아갔네. 아버지는 마침내 떨리는 목소리로 굴 껍데기를 까는 노인에 대한 내막을 아느냐고 물었지. 이 말에 짜증이 난 듯이 선장은 통명스럽게 대답했지.

"작년에 미국에서 만난 부랑자인데 프랑스인이라기에 데리고 왔죠. 아브르에 친척도 있다고 하던데 그들에게 빚을 져서 돌아가지 않겠다고 하더군요. 이름은 쥘르 다르망슈인가, 다르방슈인가, 아무튼 그럴 겁니다. 예전에는 부유하게 산 적도 있는 모양인데 지금은 보다시피 저 꼴이 되었죠."

아버지는 얼굴이 납빛처럼 변하면서 눈이 커지더니 목까지 메여서 더듬거리며 말했네.

"아…그렇군요.…별로 놀랄 일은 아니군요.…선장님, 참 감사합니다."

그리고 아버지는 그 자리를 떠났지. 선장은 어이가 없다는 듯 아버지의 뒤를 바라봤지.

아버지가 무척이나 질린 표정으로 돌아왔더니 어머니는 사람들이 눈치 챌지도 모르니 진정하라고 말했네. 아버지는 쥘르가 틀림없는데 어떡해야 하느냐고 어머니에게 물었지. 어머니는 나를 시켜서 가족들을 얼른 데려와야 한다고 말했네. 아버지는 넋이 빠진 사람처럼 이게 무슨 재앙이냐며 중얼거렸지. 어머니는 갑자기 화를 내면서 이렇게 말했네.

"저 도둑이 무엇을 하는지 항상 의심이 들더니, 우리에게 다시 무거운 짐이 되려나보군! 다브랑슈 집안 사람에게 뭘 기대하겠어!"

아버지는 어머니에게 비난을 받을 때면 항상 그렇듯이 손을 이마로 가져갔지. 어머니는 얼른 굴 값을 치르고 망신당하지 않게 그의 눈에 띄지 않는 곳으로 가자고 말했네. 부모님은 내게 5프랑짜리 돈을 주고는 저만치 가 버렸지.

누나들은 놀라서 아버지를 기다리고 있었고, 나는 어머니가 배 멀미가 났다고 말해 주었네. 그러고는 굴 까는 사람에게 굴 값이 얼마냐고 물어봤지. 나는 삼촌이라고 부르고 싶었네. 그는 2프랑 50이라고 대답했지. 내가 5프랑을 주니까 그는 돈을 거슬러주었네. 나는 쭈글쭈글하고 가엾은 그 뱃사람의 손을 바라봤네. 나는 처량하고 지친 듯 늙고 비참한 그의 얼굴을 바라보면서 생각했지.

'저 사람이 아버지의 동생인 우리 삼촌이구나!'

나는 팁으로 그에게 10수를 주었네. 그는 이렇게 내게 감사를 표하더군.

"복 많이 받으실 거요, 도련님!"

구걸하는 불쌍한 사람의 말투였지. 나는 미국에서 그가 거지 생활을 했을 거라고 생각했네.

누나들은 내가 선심을 쓰는 걸 보자 어이가 없다는 듯 쳐다봤지. 내가 아버지에게 잔돈 2프랑을 주는 걸 보자, 어머니는 깜짝 놀라며 굴값이 3프랑이나 되냐고 물었네. 나는 팁으로 10수를 줬다고 말했지. 어머니는 빌어먹는 자에게 10수나 줬다며 나를 '미친 녀석'이라고 했네. 아버지가 눈짓으로 사위를 가리키자 어머니도 더 이상 말을 안 했지. 모두 입을 다물었다네. 수평선 앞바다 위에서 보랏빛 그림자가 솟아오르는 것 같더니, 저지가 보였지.

배가 부두에 가까워올수록 내 마음속에는 다시 한 번 쥘르 삼촌을 보고 싶은 강한 충동이 솟구쳤다네. 그에게 다가가서 다정한 말을 하며 위로해 주고 싶었지. 하지만 굴을 더 먹겠다는 사람이 없어서 그의 모습도 사라졌다네. 그는 아마도 냄새가 코를 찌르는 배 밑창으로 내려갔겠지. 그곳이 저 비참한 사람의 숙소였을 테지. 그리고 우리는 돌아올 때, 다시는 그를 만나지 않으려고 생 말로 호를 탔지. 어머니의 마음은 걱정으로 가득 찼다네. 그 후로 나는 삼촌을 다시 본 적이 없다네! 자, 이제 내가 왜 가끔 5프랑씩이나 거지에게 주는지 알 수 있겠나?

토론해 봅시다

주제 1. 조제프는 왜 가끔 거지에게 5프랑씩이나 줄까요?

주제 2. 큰 잘못을 저지르고 불쌍하게 사는 가족을 외면하는 것은 옳은가요?

행복한 왕자

오스카 와일드(Oscar Wilde)
1854~1900, 아일랜드 작가

작품 소개

이 작품은 '헌신'에 관한 이야기를 다루고 있다. 헌신(獻身, dedication)의 사전적 정의는 '어떤 일이나 남을 위해서 자신의 이해관계를 생각하지 않고 몸과 마음을 바쳐 있는 힘을 다하는 것'이다. 행복한 왕자라 불리는 동상은 황금칠을 하고 사파이어와 루비로 치장되어 있어서 모든 사람이 행복해 보인다고 입을 모았다. 하지만 동상이 되고 난 후 많은 사람의 고통을 목격하게 되면서 그 동안 자신이 누려온 것들의 허무함을 깨닫고 부끄러움마저 느끼게 되었다. 그래서 남쪽으로 가야하는 제비를 설득해 자신의 모든 것을 불쌍한 이웃들에게 남김없이 나눠 준다. 제비는 쉼 없이 흔들리며 가벼운 사랑만을 거듭하느라 진정한 사랑을 몰랐다. 그런데 불쌍한 사람들을 위해 자신의 모든 것을 던져 헌신하는 왕자를 보며 진정한 사랑을 알게 되었다. 그리고 나그네의 삶을 마무리하고 짧은 여생을 왕자와 함께하게 된다. 결국 초라해진 왕자와 죽은 제비는 사람들에 의해 불태워져 없어져 버렸지만 '행복한 왕자'로 영원히 남는 것은 화려한 외형이 아니라 숭고한 헌신과 사랑임을 깨닫게 해 준다. 당신은 누군가를 위해 아니면 어떤 의미 있는 일을 위해 헌신해 본 경험이 있는가? 그때의 가슴 떨림을 기억하는가? 이 텍스트와 관련해 '긍휼과 나눔', '노블리스 오블리주', '참된 삶과 사랑' 등의 다양한 주제로 토론을 해 보는 것도 좋다.

헌신(獻身, dedication)
어떤 일이나 남을 위해서 자신의 이해관계를 생각하지 않고 몸과 마음을
바쳐 있는 힘을 다하는 것

작품 읽기

1.

도시 전체가 훤히 내려다보이는 높은 곳에 행복한 왕자의 동상이
서 있었다. 동상은 황금으로 칠해져 있었고, 두 눈은 빛나는 사파이어
로 되어 있었으며, 칼 손잡이에는 커다란 루비가 박혀 있었다. 모든 사
람이 그 동상을 우러러봤다.

예술적 감각이 훌륭하다는 칭찬을 받고 싶지만 지극히 현실적인 한
시의원은 동상이 수탉 풍향계만큼이나 멋지지만 그다지 실용적이지
는 않다고 말했다. 달을 따 달라고 조르는 아이에게 어떤 지혜로운 어
머니는 행복한 왕자라면 떼를 쓰면서 고집을 부리는 일은 결코 없을
거라면서 행복한 왕자처럼 착한 사람이 되라고 타일렀다. 깊은 슬픔으
로 힘들어하던 한 남자는 이 세상에 행복한 사람이 있다는 게 그나마

다행한 일이라며 중얼거리기도 했다.

　하얀 원피스에 주황색 외투를 입은 고아원 아이가 성당에서 나오며 왕자님이 천사 같다고 말했다. 수학 선생님은 아이에게 천사를 본 적도 없으면서 그걸 어떻게 아느냐고 물었다. 아이는 꿈에서 본 적이 있으니까 안다고 대답했다. 그러자 수학 선생님은 꿈을 믿는 아이가 못마땅한 듯 눈살을 찌푸렸다.

　어느 날 제비 한 마리가 이 도시로 날아왔다. 다른 제비들은 벌써 6주 전에 이집트로 떠났지만 이 제비는 아름다운 갈대와 사랑에 빠져서 홀로 뒤처진 것이다. 제비는 이른 봄에 노란 나비를 따라 강으로 내려갔다가 갈대의 가녀린 모습을 보고 반해 버렸다. 제비는 갈대와 금방 가까워지고 싶어서 마음이 급했다. 갈대가 머리를 살짝 숙이면 제비는 갈대 주변을 날면서 날개로 은빛 물결을 일으켰다. 제비는 여름 내내 갈대 주변을 맴돌며 날아다녔다. 다른 제비들은 강가의 무성한 갈대들을 보고는 갈대는 돈도 없고 친척도 너무 많으니 제비가 하는 짓이 바보 같은 일이라며 수군거렸다.

　어느덧 가을이 오자 제비들은 멀리 떠났다. 친구들이 모두 가 버리자 제비는 외로워져서 사랑하는 갈대에게도 싫증이 났다. 제비는 바람이 불 때 갈대가 우아한 모습으로 인사하는 걸 보고, 자신에게는 한 마디도 하지 않는데 날마다 바람과는 노닥거린다면서 바람둥이가 아닐까 의심했다. 제비는 갈대가 강을 좋아한다는 건 인정하면서도 자신이 여행을 좋아하니 갈대도 여행을 좋아해야 한다고 생각했다. 제비는 갈 대에게 함께 떠나자고 말했다. 하지만 갈대는 고향을 너무나 사랑해서 그럴 수 없다며 고개를 가로저었다. 제비는 갈대가 자신을 가지고 놀 았다면서 화를 내고는 피라미드를 향해 떠났다.

2.

제비는 하루 종일 날아서 밤늦게 이 도시에 도착했다. 그리고 잠잘 곳을 찾다가 동상을 발견했다. 행복한 왕자의 발 사이에 내려앉은 제 비는 황금 침실에서 깨끗한 공기를 마시며 잘 수 있게 되었다면서 기 뻐했다. 제비가 자려고 날개에 머리를 묻으려는 순간, 물방울 하나가 떨어졌다. 제비는 별들이 반짝이고 구름 한 점도 없는 하늘에서 빗방 울이 떨어지자 북유럽 날씨가 변덕스럽다느니, 자기 생각만 하던 갈대 도 비를 좋아했다느니 하면서 투덜댔다. 그때 다시 물방울이 떨어졌 다. 제비는 비를 피하지 못하면 황금 동상도 소용이 없다면서 차라리 굴뚝을 찾아보는 게 낫겠다고 생각했다.

또 다시 물방울이 떨어지자 제비는 위를 올려다보았다. 행복한 왕 자의 두 눈에 가득 찬 눈물이 볼을 따라 흐르고 있었다. 제비는 달빛 속에서 아름답게 빛나고 있는 왕자가 가엾게 느껴졌다. 제비는 행복 한 왕자에게 왜 그렇게 울고 있냐고 물었다. 행복한 왕자는 슬픔이 없는 평화로운 궁전에서 살았기 때문에 인간의 심장을 갖고 있을 때는 눈물이 뭔지 몰랐다고 했다. 낮에는 정원에서 뛰어놀고, 밤에는 파티장에서 춤을 추느라 높은 궁전 담 너머에 뭐가 있는지 궁금하지도 않았다고 했다. 세상은 그저 아름답기만 하다는 생각으로 즐거운 나날을 보내는 자신을 사람들은 '행복한 왕자'라고 불렀다고 했다. 행복한 왕자는 계속 말을 이었다.

"난 그렇게 행복하게 살다가 죽었지. 그런데 사람들이 나를 높은 곳에 세워 놓은 다음부터는 이 도시의 모든 불행을 보게 되었단다. 내 심장은 납으로 만들어졌는데, 눈물은 멈출 수가 없구나."

"그렇구나, 몸이 모두 황금으로 된 것은 아니었어."

제비는 들릴 듯 말 듯 혼잣말로 중얼거렸다.

왕자가 말했다.

"저 멀리 좁은 골목길의 허름한 집에 야윈 몸으로 손을 찔려 가며 바느질을 하는 여자가 살고 있단다. 그런데 열병이 나서 누워 있는 어린 아들이 오렌지를 먹고 싶다며 엄마를 조르고 있구나. 그 집에서 먹을 수 있는 거라곤 강에서 떠 온 물뿐인데, 아이가 울음을 멈추지 않는구나. 제비야, 제비야. 내 칼에 박혀 있는 루비를 그 집에 갖다 주지 않겠니? 나는 발이 바닥에 붙어 있어서 움직일 수가 없단다."

제비가 말했다.

"이집트에서 친구들이 절 기다리고 있어서 안 돼요. 친구들은 나일

강가를 날아다니며 연꽃과 이야기를 나누고, 밤에는 위대한 왕의 미라가 묻혀 있는 묘지에서 잔답니다."

왕자가 말했다.

"제비야, 제비야, 작은 제비야. 아이는 목이 말라서 보채고 엄마는 걱정이 가득하니 오늘 하루만 내 심부름꾼이 되어 주려무나."

제비가 말했다.

"전 아이들을 별로 안 좋아해요. 지난여름에 강가에서 살 때 제게 돌을 던지며 괴롭히는 못된 아이들을 만났거든요."

행복한 왕자가 슬픈 표정을 짓자 제비는 불쌍한 마음이 들었다.

"여긴 너무 추우니까 왕자님의 심부름을 하는 건 오늘뿐이에요."

"고맙다, 작은 제비야."

제비는 왕자의 칼에 있던 루비를 뽑아 물고 도시 위를 날아갔다. 하얀 대리석 천사상이 있는 성당과 사람들이 파티를 즐기고 있는 궁전, 배들이 불을 밝히고 있는 강, 유대인들이 흥정하고 있는 빈민가를 지나 그 낡은 집에 도착했다. 제비는 창문으로 들어가 루비를 탁자 위에 두고는 날갯짓으로 아이의 뜨거운 이마를 식혀 주었다. 제비는 돌아와서 자신이 한 일을 행복한 왕자에게 얘기했다. 그리고 날씨가 추운데도 따뜻하게 느껴지는 게 이상하다고 했다. 왕자는 착한 일을 했기 때문에 그럴 거라고 말했다. 제비는 생각을 하는 듯하다가 금방 잠이 들었다.

3.

다음 날 아침, 제비는 강에서 목욕을 하고 이집트로 떠날 준비를 했다. 제비는 도시의 모든 관광지를 둘러보고는 왕자에게 돌아갔다. 왕자는 제비에게 하룻밤만 더 있어 달라고 부탁했다. 제비는 이집트에서 친구들이 자길 기다리고 있다면서 안 된다고 했다. 왕자가 말했다.

"저 멀리 다락방에서 힘든 상황이지만 희곡을 쓰고 있는 젊은이가 살고 있단다. 그런데 벽난로가 꺼진 방에서 추위와 배고픔으로 힘들어하다가 지쳐서 쓰러져 잠들어 있구나."

따뜻한 마음씨의 제비가 말했다.

"왕자님 옆에서 하룻밤만 더 있을게요. 그에게도 루비를 가져다주면 될까요?"

"안타깝지만 이제 루비는 없고 눈에 있는 사파이어만 있단다. 두 개 중에 하나를 뽑아서 그에게 갖다 주면 그걸 팔아서 배고픔과 추위를 이기고 원고를 마칠 수 있을 거야."

"사랑스런 왕자님, 그럴 수는 없어요."

"제비야, 제비야, 작은 제비야. 내가 시키는 대로 해 주렴."

제비는 결국 왕자의 한쪽 눈을 뽑아서 그 다락방으로 날아갔다. 지붕에 난 구멍으로 들어가서 시든 제비꽃 옆에 사파이어를 놓아두었다. 머리를 감싸며 원고를 쓰고 있던 젊은이가 고개를 들었을 때 사파이어가 보였다. 그는 자신의 재능을 알아보고 감동받은 연극 관객이 놓고 간 선물이라고 생각하고 희곡을 마칠 수 있겠다는 희망이 생겼다.

다음 날 제비는 작별 인사를 하러 왕자에게 날아갔다. 왕자는 제비에게 다시 하룻밤만 더 있어 달라고 부탁했다. 제비는 이제 곧 추운 겨울이라 안 된다고 했다. 왕자님을 결코 잊지 못할 거라고 하면서 내년 봄에 갖고 있던 것보다 더 아름다운 보석을 갖다 주겠다고 했다. 왕자가 말했다.

"저기 광장에 아주 어리고 불쌍한 성냥팔이 소녀가 있단다. 그런데 성냥을 진흙탕에 떨어뜨려 못쓰게 되었어. 돈을 집에 가져가지 못하면 아버지에게 맞을 테니 내 남은 눈을 그 소녀에게 갖다 주렴. 그럼 맞아서 울지 않을 거야."

"왕자님 옆에 하룻밤만 더 있어 드릴게요. 하지만 남은 눈마저 주면 왕자님이 아무것도 볼 수 없을 테니 그럴 수는 없어요."

"제비야, 제비야, 작은 제비야. 내가 시키는 대로 해 주렴."

제비는 결국 왕자의 남은 눈을 뽑아 소녀에게 날아갔다. 제비가 소녀의 손바닥에 보석을 떨어뜨리자 소녀는 기뻐하며 집으로 달려갔다. 제비는 왕자에게 돌아가서 자신이 왕자의 눈이 되어 주겠다고 했다. 왕자는 괜찮다고 하면서 제비에게 빨리 이집트로 가라고 했다. 제비는 언제나 옆에 있어 주겠다면서 왕자의 발 근처에서 잠이 들었다.

다음 날 제비는 왕자의 어깨에 앉아서 다른 나라의 얘기를 들려주었다. 나일강의 붉은 따오기떼, 사막의 스핑크스, 낙타와 상인들, 달의 산에 사는 왕, 야자수 아래의 초록 뱀, 나뭇잎을 타고 다니는 피그미족 등 신기한 이야기들이었다. 왕자는 세상에서 가장 신기한 것은 사람들이 가난으로 겪는 고통이라고 하면서, 제비에게 도시 위로 높이 날아올라 보이는 것을 얘기해 달라고 부탁했다.

제비는 호화롭게 사는 부자들과 그 집 앞에 쪼그리고 앉아 있는 거지들, 굶주림에 지쳐서 골목길을 어슬렁거리는 아이들, 몸을 녹이려고 다리 밑에서 꼭 껴안고 있는 아이들을 봤다. 제비는 왕자에게 돌아가서 자신이 본 것을 얘기했다. 왕자는 제비에게 자신의 몸을 덮고 있는 황금을 조금씩 떼어 내 가난한 아이들에게 갖다 주라고 했다. 제비가 황금을 떼어 낼 때마다 왕자는 점점 어두운 색으로 변했고, 아이들의 얼굴은 점점 밝아졌다.

4.

어느덧 추운 겨울이 되었다. 눈이 내리고 서리가 생겼으며, 처마 밑에는 고드름이 달렸다. 사람들은 모두 털외투를 꺼내 입었고, 아이들은 털모자를 쓰고 썰매를 탔다. 불쌍한 제비는 몹시 추웠지만 사랑하는 왕자를 떠날 수가 없었다. 제비는 빵 부스러기를 주워 먹고, 쉼 없이 날개를 파닥거리며 몸을 덥혔지만 자신이 곧 죽으리라는 것을 알았다. 제비는 마지막 남은 힘을 내서 왕자의 어깨 위로 날아올랐다. 제비는 마지막 작별 인사를 하려고 왕자의 손등에 입을 맞춰도 되냐고 물었다. 왕자가 말했다.

"드디어 이집트로 가게 돼서 정말 다행이구나. 넌 여기에 너무 오랫동안 머물러 있었어. 내 입술에 입을 맞춰 주렴. 나는 널 아주 많이 사랑한단다."

"전 이집트가 아니라 죽음의 집으로 간답니다. 죽음은 잠의 형제이지요?"

제비는 왕자의 입술에 입을 맞추고는 발밑에 떨어져 죽었다. 바로 그 순간 동상 안쪽에서 무언가 깨지는 소리가 났다. 납으로 된 심장이 둘로 갈라지는 소리였다. 무섭도록 지독한 서리가 내린 날이었다.

다음 날 아침에 시장은 시의원들과 함께 광장을 걷다가 동상을 올려다봤다. 시장이 행복한 왕자가 형편없이 초라해졌고, 루비와 사파이어, 황금도 없어져서 거지와 다를 바 없다고 하자 시의원들이 맞장구를 쳤다. 그들은 행복한 왕자가 더 이상 쓸모가 없다면서 동상을 끌어내렸다. 사람들은 동상을 용광로에 넣어 녹여서 다른 걸 만들기로 했지만 서로 자기의 동상을 만들어야 한다면서 다퉜다. 주물 공장의 공장장은 동상의 납 심장이 용광로에서 녹지 않는다면서 이상해하며 죽은 제비가 버려진 쓰레기더미에 내다 버렸다.

하느님이 천사에게 이 도시에서 가장 귀한 것을 두 개 갖고 오라고 시켰다. 천사는 쪼개진 납 심장과 죽은 제비를 들고 왔다. 하느님은 흐뭇한 표정으로 제대로 갖고 왔다면서 천사를 칭찬했다. 하느님이 제비는 천국의 정원에서 영원히 노래할 것이고, 행복한 왕자는 황금의 도시에서 자신을 찬양할 거라고 말했다.

토론해 봅시다

주제 1. 제비는 왜 행복한 왕자를 떠나지 않았을까요?

주제 2. 자신의 목숨까지 바쳐 가면서 어려운 사람을 돕는 것은 옳은가요?

별

알퐁스 도데(Alphonse Daudet)
1840~1897, 프랑스 작가

작품 소개

이 작품은 사랑에 대해 다루고 있다. 사랑(愛, love)의 사전적 정의는 '다른 사람을 아끼고 위하며 소중히 여기는 마음'이다. 양을 치는 목동과 주인집 아가씨의 사랑 이야기에서는 어릴 적 누구나 한 번쯤은 꿈꿔 봤을 풋풋하고 아름다운 향기가 풍긴다. 무엇보다 작가가 묘사한 옛날 프랑스 산골마을의 모습은 서정적인 사랑 이야기와 잘 어우러져 그곳에 꼭 한 번 가 보고 싶을 만큼 아름답게 느껴진다. 현대 사회는 모든 것이 급변하고 있으며, 남녀의 사랑조차도 인스턴트식품처럼 가볍기만 하다. 요즘은 처음 좋아하는 사람이 생겼을 때의 설렘도 '썸'이라는 용어로 격하된 지 오래다. 사랑하는 사람이 생겼을 때의 황홀한 기분, 온 세상이 상대의 얼굴로 도배된 것만 같은 몰입의 경험은 아련한 추억 속에서나 존재하는 것일까? 디지털 시대에 아날로그 감성으로 '사랑'이라는 감정이 갖는 숭고함을 느끼려면 어떻게 해야 할까? 우리는 부모와 자녀, 남자와 여자의 관계에서 '나름대로의 사랑', '자신을 위하는 사랑'을 하고 있는 것은 아닐까? 이 텍스트를 읽고 토론을 하다 보면 참다운 사랑의 의미를 다시 한 번 새겨 보게 될 것이다.

사랑(愛, love)
다른 사람을 아끼고 위하며 소중히 여기는 마음

작품 읽기

1.

나는 그때 뤼르봉 산에서 혼자 양을 치고 있었다. 몇 주일 동안 목장에서 사람 구경은 거의 하지 못했고, 양떼와 검은 사냥개만이 나와 함께했다. 아주 가끔은 약초를 구하는 몽들뤼르 사람들이나 숯을 만들 재료를 찾는 피에몽 사람들이 지나쳐 갔다. 하지만 그 사람들은 오랫동안 외로운 생활을 해 왔기 때문에 쉽게 대화를 나눌 수 있는 사람들이 아니었다. 다른 사람에게 먼저 말을 거는 법도 없었고, 혹시나 있다해도 워낙에 소박한 사람들이라 세상이 어떻게 돌아가는지, 지금 아랫마을에서 뭐가 화제인지 도통 관심이 없었다.

저 멀리 언덕에서 2주일에 한 번씩 보름치 양식을 실어 나르는 노새의 방울 소리가 들려오고, 농장의 꼬마 미아로의 얼굴이나 노라드 아줌마의 갈색 모자가 언덕 위로 보일 때면 너무나 기뻤다. 나는 반가운 마음에 누구네 집 아이가 세례를 받았는지, 누가 누구와 결혼을 했는지 등 마을에서 일어난 일들을 시시콜콜 묻곤 했다. 하지만 무엇보다도 궁금했던 건 이 근방에서 가장 아름다운 주인님 댁의 스테파네트 아가씨에 관한 소식이었다.

나는 별로 관심 없는 척하면서 아가씨가 어떻게 지내는지, 사람들과는 얼마나 자주 어울리는지, 모임이나 저녁 나들이에는 가는지, 겉만 번지르르한 사내들이 아가씨의 환심을 사러 여전히 드나드는지 등을 알아봤다. 만약 누가 산에서 양이나 돌보는 별 볼일 없는 목동이 그런 건 알아서 뭐하느냐고 묻는다면 나는 지금도 당연하다는 듯 이렇게 대답할 것이다. 그때 내 나이는 스무 살이었고, 스테파네트 아가씨는 내가 만나본 사람 중에 가장 아름다웠다고….

어느 일요일에 보름치 양식이 오기만을 손꼽아 기다리고 있는데, 이상하게도 그날따라 양식 도착이 늦어졌다. 아침에는 미사가 늦게 끝나서 그런가 보다 생각했고, 점심때는 소나기가 퍼부어서 산길이 미끄러워 그런가 보다 생각했다. 불안하고 초조한 마음을 달래다 보니 3시가 넘었고, 언제 그랬냐는 듯 맑게 갠 하늘 아래 비에 젖은 산이 햇빛을 받아 눈이 부시게 반짝이고 있었다. '똑똑' 나뭇잎에 물방울이 떨어지는 소리와 '촬촬' 불어난 개울물이 흐르는 소리를 듣고 있을 때 귀에 익은 방울 소리가 들렸다. 그 소리는 부활절 합창에서 울리는 종소리처럼 즐겁고 경쾌했다.

2.

잠시 후 내 앞에 나타난 사람은 꼬마 미아로도, 늙은 노라드 아주머니도 아니었다. 너무나 뜻밖에도 스테파네트 아가씨가 노새의 등에 앉아 있었다. 오느라 힘들었는지 아니면 소나기로 차가워진 공기 때문인지 아가씨의 얼굴은 발갛게 달아올라 있었다. 꼬마는 아파서 누웠고, 아주머니는 휴가를 내서 아이들을 만나러 갔다고 했다. 스테파네트 아가씨는 노새에서 내려 걸어오다가 길을 잃어 늦었다고 했다. 하지만 아가씨 머리의 꽃 리본과 고운 레이스로 치장된 화려하면서도 단정한 옷차림을 보고 있자니, 길을 헤맨 사람이 아니라 무도회에 갔다 온 사람처럼 아름다워 보였다.

아가씨의 그 황홀한 모습에 나는 눈을 떼지 못했다. 사실 그때까지 나는 아가씨를 그렇게 가까이에서 본 적이 없었다. 겨울에 양떼를 몰고 내려가서 농장에서 저녁을 먹을 때 가끔 식당을 지나치는 아가씨를 본 게 전부였다. 항상 예쁘게 차려입고 늘 단정하게 보였는데, 바로 지금 내 눈앞에 아가씨가 서 있는 것이다. 그것도 나만을 위해서 말이다. 나는 정말 정신을 차릴 수가 없었다.

스테파네트 아가씨는 신기한 듯 주위를 둘러봤다. 옷이 더러워질까 조심하면서 스커트 자락을 살짝 들어 올리고는 양들이 있는 울타리 안으로 들어갔다. 아가씨는 양가죽을 깔아 놓은 내 잠자리와 벽에 걸려 있는 큰 외투, 채찍, 낡은 구식 엽총 등에 관심을 보였다. 내게는 별것 아니었지만 아가씨는 이 모든 게 낯설고 재미있는 모양이었다. 아가씨가 물었다.

"여기서 살아? 이렇게 혼자 있으면 외롭고 답답하지 않아? 뭘 하면서 시간을 보내? 무슨 생각을 주로 해?"

'아가씨 생각을 하지요.…'

나는 이렇게 대답하고 싶었다. 사실이 그랬다. 하지만 나는 순간적으로 너무 당황해서 한 마디도 하지 못했다. 아마 내가 그러는 걸 눈치 채고는 깜찍한 아가씨가 일부러 그런 요상한 질문을 했는지도 모른다. 내가 어쩔 줄 몰라 쩔쩔매는 모습을 보려고 말이다.

"여자 친구가 가끔 놀러 와? 여자 친구가 오면 '황금의 양'이나 산봉우리를 날아다니는 '에스테렐 선녀'처럼 보이겠구나."

이렇게 말하며 고개를 뒤로 젖히고 '까르르' 웃는 아가씨의 귀여운 몸짓을 보고 있자니, 요정이 '짠' 하고 나타났다가 금방 사라져 버린 것처럼 서운함이 느껴졌다. 내게는 아가씨가 에스테렐 선녀 같았다.

"잘 지내. 목동!"

"안녕히 가세요. 아가씨!"

아가씨는 짧은 인사말을 남기고, 노새를 타고 다시 떠났다.

3.

아가씨의 뒷모습이 비탈진 산길 저 멀리로 사라지고 나서도 한참이 지나서까지 노새의 발에 차인 돌이 구르는 소리가 계속 귓가에 울리는 것 같았다. 그 돌들 하나하나가 내 심장으로 떨어지는 것 같아서 나는 해가 완전히 떨어질 때까지 그 소리에 귀를 기울였다. 나는 아주 신비한 꿈을 꾼 사람처럼 아무 일도 못하고 그저 멍하니 그 자리에 서 있었다.

어느덧 해가 져서 저 멀리 산골짜기에 푸른빛이 번지고, 양들도 집으로 돌아가려는 듯 몸을 비비면서 서두르고 있었다. 바로 그때, 내려가는 길목 어딘가에서 나를 부르는 소리가 들렸다. 그리고 저 멀리서 아가씨의 모습이 보였다. 그런데 생글생글 웃던 모습이 아니라 물에 빠진 생쥐처럼 온 몸이 젖어서 덜덜 떨고 있었다. 소나기로 불어난 강을 무리해서 건너려고 하다가 물에 빠진 것 같았다. 이미 날은 저물었고, 아가씨가 농장으로 돌아갈 방법이 없었다. 참으로 난처한 일이었다.

지름길이 한 개 있기는 하지만 아가씨 혼자서는 갈 수 없는 험한 길이고, 양떼를 버리고 내가 데려다 줄 수도 없었다. 아가씨는 할 수 없이 오늘 밤을 여기서 보내야 했기에, 가족들이 걱정할까 봐 안절부절못했다. 그런 아가씨에게 내가 해 줄 수 있는 것은 따뜻한 위로밖에 없다고 생각해서 이렇게 말했다.

"7월이라 밤이 생각보다 짧습니다. 아가씨, 조금만 기다리시면 곧 날이 밝을 테니 걱정하지 마세요."

나는 먼저 불을 피워서 젖은 옷을 말리게 하고, 우유와 치즈도 내왔다. 하지만 아가씨는 눈물만 글썽일 뿐 불을 쬐지도 않고, 아무것도 먹으려 하지 않았다. 그 모습을 보고 있던 나도 마음이 아파서 함께 울고 싶었다. 나는 아가씨에게 안에 들어가 잠시라도 쉬라고 했다. 새 짚을 깔고, 그 위에 새 모피까지 깔아서 잠자리를 정리한 다음 편안하게 주무시라는 인사를 하고 밖으로 나왔다. 그리고 문 앞에서 가만히 앉아 있었다.

비록 누추한 곳이기는 하지만 내가 사는 집에서, 내 보호를 받으며 마음 놓고 잠이 든 아가씨를 생각하니 왠지 모르게 가슴이 벅찼다. 지금까지 밤하늘의 별들이 이렇게 찬란하게 보인 적이 없었다. 그런데 갑자기 문이 열리더니 스테파네트 아가씨가 나왔다. 아무래도 잠을 잘 수 없었나 보았다. 낯선 자리에서 부스럭거리는 짚 소리를 들으며 억지로 누워 있으려니 너무 괴로워서 차라리 밖으로 나가는 것이 좋다고 생각했나 보았다. 나는 걸치고 있던 모피를 얼른 벗어서 아가씨 어깨에 둘러 주고는 모닥불을 더 세게 피웠다. 그러고는 서로 아무런 말 없이 그렇게 한참을 앉아 있었다.

4.

아마 한 번이라도 밖에서 밤을 새워 본 적이 있는 사람이라면 알 거다. 세상이 모두 잠든 밤에 또 다른 신비로운 세계가 적막한 어둠 속에서 고독하게 눈 뜬다는 사실을 말이다. 샘물은 더욱 맑은 소리로 노래하고, 연못에는 작은 불꽃들이 더 반짝인다. 온갖 요정이 신나서 날아다니고, 풀잎들이 쑥쑥 자라는 소리가 맑은 공기를 가로지른다. 바스락거리는 소리들, 들릴 듯 말 듯한 그 모든 소리가 우리의 세상을 감싼다. 낮이 생물들의 세상이라면 밤은 낮에 침묵했던 자들의 세상이 된다. 물론 낯선 밤의 세계를 처음 접하는 사람들은 약간 두려움이 느껴질 수도 있다.

스테파네트 아가씨도 무서웠는지 무슨 소리만 작게 들려도 깜짝 놀라면서 내게로 바짝 다가앉곤 했다. 저 아래의 연못에서 아주 처량하게 들리는 소리가 우리가 앉아 있는 산등성이로 소용돌이처럼 올라왔다. 그 순간, 한 줄기 빛나는 별이 우리 머리 위를 스쳐 지나갔다. 마치 소용돌이치며 올라온 정체불명의 소리가 한 줄기 빛을 뿜어내는 것 같았다.

"저게 뭐야?"

스테파네트 아가씨가 낮은 목소리로 물었다.

"영혼이 천국을 향해서 가는 거지요."

나는 대답을 하고는 십자가 모양으로 성호를 그었다.

아가씨도 나를 따라서 성호를 긋고는 하늘을 쳐다보면서 뭔가 깊은 생각에 잠긴 듯하다가 내게 물었다.

"목동들은 모두 점쟁이라고 하던데, 그 말이 사실이야?"

"아니에요. 전혀 그렇지 않아요. 단지 보통 사람들보다 별과 더 가까이 지낼 수 있을 뿐이지요. 그래서 저 아래에 사는 사람들보다 별들에게 무슨 일이 생기는지 더 잘 알 수 있답니다."

아가씨는 계속 하늘을 바라보고 있었다. 턱을 두 손으로 괸 채로 어깨에 모피를 두른 모습이 귀여운 천국의 목자처럼 보였다.

"별이 저렇게나 많다니! 정말 아름답다! 너는 저 별들의 이름을 다 아니?"

"네, 그럼요. 아가씨, 보세요. 우리 머리 위에 있는 게 바로 '은하수'에요. 프랑스에서 스페인 하늘까지 이어지죠. 샤를마뉴 대왕이 사라센과 전쟁을 할 때, 갈리스의 성 자크가 샤를마뉴 대왕에게 길을 알려주려고 저렇게 그어 놨답니다.

그리고 저쪽에 '영혼들의 수레'와 반짝이는 네 개의 굴대를 봐요. 그 앞으로 보이는 세 개의 별이 '세 마리 짐승'이고, 그 세 번째 별 옆에 있는 작은 꼬마별이 '마부'예요. 그 주변으로 쏟아지는 별들이 보이죠? 그건 하나님이 들여놓지 않은 영혼들이지요. 그 아래쪽을 보면 '오리온'이라고 불리는 별이 있어요. 목동들의 시계를 대신하는 그 별을 보면 지금 시간이 자정을 훨씬 지났다는 걸 알 수 있지요.

그리고 남쪽으로 조금 아래 보이는 별이 바로 별들의 횃불이라 불리는 '시리어스'입니다. 저 별에 관해서는 목동들 사이에 전해져 내려오는 얘기가 있어요. 어느 날, 시리어스는 오리온, 북두칠성과 함께 친구별에 초대를 받았대요. 북두칠성이 맨 먼저 윗길로 들어갔고, 오리온은 곧 북두칠성을 따라갔지요. 하지만 게으름뱅이 시리어스는 그만 낮잠을 자다가 꼬리가 되고 말았대요. 화가 난 시리어스는 그들을 향해 지팡이를 집어던졌어요. 그래서 오리온을 '시리어스의 지팡이'라고도 부른답니다.

하지만 뭐니 뭐니 해도 가장 아름다운 별은 역시 우리들의 별인 '목동의 별'이지요. 양떼를 몰고 나가는 새벽이든, 다시 돌아오는 저녁이든 한결같이 우리를 비춰 주는 고마운 별이지요. 우리는 저 별을 '마글론'이라 부른답니다. '프로방스의 피에르' 뒤를 쫓아가서 7년에 한 번씩 결혼을 한다는 예쁜 마글론 말이지요."

"어머나! 별들도 결혼을 해?"

"그럼요. 아가씨!"

내가 그 결혼에 대해 자세히 얘기해 주려고 할 때, 뭔가 차가우면서도 부드러운 것이 내 어깨를 살며시 누르는 게 느껴졌다. 졸려서 무거워진 아가씨의 머리가 리본과 곱슬거리는 머리카락을 비비면서 가만히 내 어깨 위로 내려온 것이었다. 아가씨는 새벽에 먼동이 터 올라 별들이 빛을 잃을 때까지 내 어깨에 머리를 기대고 있었다. 나는 그렇게 밤을 새웠다. 내 가슴은 떨렸지만 맑은 밤하늘을 보면서 오직 아름다운 것만을 생각하며 성스럽고도 순결한 마음을 잃지 않았다.

머리 위에는 헤아릴 수 없이 수많은 별이 거대한 양떼처럼 조용히 멀어졌다. 그리고 가끔씩은 이런 생각도 머리를 스쳤다. 저 수많은 별 중에 가장 가냘프고 빛나는 별 하나가 길을 잃고 헤매다가 내 어깨에 가만히 내려앉아서 곤히 잠들어 있다고⋯.

주제 1. 목동은 왜 아가씨에게 어깨를 기대게 한 채로 밤을
새웠을까요?

주제 2. 육체적 사랑보다 정신적 사랑이 더 아름다운가요?

우리는 결국
모두 형제들이다

—

시애틀 추장의 연설문

작품 소개

이 작품은 '자연'에 대한 이야기를 다루고 있다. 자연(自然, nature)의 사전적 정의
는 '사람의 힘을 더하지 않은 저절로 된 그대로의 현상'이다. 미국의 서부 개척 시
대에 '골드러시'의 꿈을 안고 서부로 몰려든 이방인들은 약속을 어기고 인디언들
의 땅을 빼앗는 것도 모자라 그들을 학살하는 만행을 저질렀다. 어쩔 수 없이 인디
언들은 조상부터 대대로 살던 정든 땅을 내어주게 되었지만 시애틀 추장은 장엄한
연설문을 통해 자연에 대한 사랑과 사람을 존중하는 그들의 숭고한 마음을 전하며
정복자들의 가슴을 울렸다. 수적 열세와 첨단 무기 앞에 결국 무릎을 꿇게 되었지
만, 시애틀 추장은 자연도 이방인도 심지어 침략자까지도 '우리는 모두 형제'라고
말하고 있다. 우리는 이 연설문 하나로 인디언들의 생명존중과 자연존중 사상을
엿볼 수 있고, 자연과 사람을 어떤 태도로 대해야 하는지를 배울 수 있다. 새만금
간척 사업, 천성산 터널 공사, 4대강 사업, 밀양 송전탑 공사, 제주도 해군 기지 건
설, 국립공원 케이블카 설치 등 잊을 만하면 이슈가 되는 것 중에 하나가 바로 '자
연 개발'과 '자연 보호' 사이에서의 갈등이다. 이 텍스트를 통해 개발과 보호 사이
에서 대립하는 것에서 벗어나 창의적인 문제해결 방법에 대해 생각해 보면 좋다.

자연(自然, nature)
사람의 힘을 더하지 않은 저절로 된 그대로의 현상

작품 읽기

1.

워싱턴 대추장이 우정과 선의를 언급하며 우리 땅을 사고 싶다는 소식을 전해 왔다. 그가 답례로 우리의 우의를 필요로 하지 않는다는 것은 불친절한 일이다. 우리는 진지하게 그대들의 제안을 고려해 볼 것이다. 우리가 땅을 팔지 않으면 백인들이 총을 들고 와서 우리의 땅을 빼앗을 것이라는 걸 잘 알고 있다.

그대들이 저 하늘이나 땅의 온기를 사고팔 수 있다고 생각하는 것이 우리로서는 이상하다. 우리가 공기의 신선함과 반짝이는 물을 갖고 있지 않은데, 어떻게 그대들에게 팔 수 있겠는가? 우리에게는 이 땅의 모든 것이 거룩하다. 빛나는 솔잎과 모래 기슭, 어두운 숲속의 안개, 맑은 소리로 노래하는 벌레들…. 이 모두가 우리의 기억과 경험에는 신성한 것들이다. 나무속에 흐르는 수액은 우리 홍인(紅人, 인디언)의 기억을 전달한다.

백인들은 죽어서 별들 사이를 걸어 다니며 그들이 태어난 곳을 잊어버리지만 우리는 죽어서도 이 아름다운 땅을 결코 잊지 못한다. 왜냐하면 이 땅은 우리 홍인의 어머니이기 때문이다. 우리는 땅의 한 부분이고 땅은 우리의 일부분이다. 향기로운 꽃은 우리의 자매고, 동물들은 우리의 형제들이다. 바위산과 풀, 조랑말과 인간은 모두 한 가족이다.

워싱턴 대추장이 우리 땅을 사고 싶다는 전갈을 보냈다는 건 우리의 모든 것을 달라는 것과 같다. 대추장은 우리만 따로 편하게 살 수 있도록 마땅한 장소를 마련해 주겠다고 한다. 이는 그가 우리의 아버지가 되고 우리가 그의 자식이 된다는 의미다. 그대들이 우리 땅을 사겠다는 제안은 잘 고려해 보겠지만 이 땅이 우리에게 너무나 거룩한 것이기에 그리 쉬운 일은 아니다.

개울과 강을 흐르는 반짝이는 물은 우리 조상들의 피다. 만약 우리가 이 땅을 팔게 되면 이 땅이 거룩하다는 사실을 기억해 주길 바란다. 그리고 호수의 맑은 물속에 비친 신령스러운 모습들 하나하나가 우리 삶의 기억들을 말해 주고 있음을 아이들에게 가르치길 바란다.

물결의 속삭임은 우리 조상들이 내는 목소리다. 강은 갈증을 풀어 주고, 카누를 날라 주며, 자식들을 길러 주는 우리의 형제다. 만약 우리가 땅을 팔게 되면 저 강들이 우리와 그대들의 형제임을 잊지 말고 아이들에게 가르쳐야만 한다. 그리고 앞으로는 형제를 대하듯이 강에게도 친절을 베풀어야 한다.

2.

우리 조상들의 유골은 신성하고, 그들의 무덤이 있는 이 땅은 거룩하다. 백인들이 우리 방식을 이해하지 못한다는 걸 우리는 잘 안다. 백인들은 한밤중에 와서 필요한 것을 빼앗아 가는 이방인이기 때문에 그들에게 땅은 그저 다른 소유물들 중 하나일 뿐이다. 그들에게 땅은 형제가 아니라 적이고, 그것을 다 정복하면 다른 곳으로 나아간다.

백인들은 아무 거리낌 없이 부모의 무덤을 버리기도 하고, 아이들에게서 땅을 빼앗기도 한다. 결국 부모의 무덤과 아이들의 권리는 서서히 잊히고 만다. 백인들은 어머니 같은 대지와 형제 같은 하늘을 마치 목걸이나 양처럼 사고팔거나 빼앗을 수 있다고 여긴다. 백인들의 식욕은 땅을 삼켜 버려서 사막만이 남게 될 것이다.

모르겠다. 어쨌든 우리 방식은 그대들과 다르다. 그대들의 도시 모습은 우리의 눈에 고통스러워 보인다. 백인들의 도시는 조용한 곳이 없다. 봄 잎이 날리는 소리나 벌레들의 날개 소리를 들을 수 없다. 우리가 무지하고 미개하기 때문인지 모르겠지만, 도시의 소음은 귀를 모독하는 것 같다. 쏙독새의 울음소리나 한밤중의 개구리 소리를 들을 수 없다면 삶에 무엇이 남겠는가? 나는 홍인이라서 그런지 이해할 수 없다.

우리는 연못 위를 화살같이 달려가는 바람소리와 한낮에 비를 맞은 바람이 머금은 소나무 냄새를 사랑한다. 만물이 숨결을 나누고 있는 공기는 홍인에게 무척이나 소중하다. 동물과 식물, 인간은 숨결을 나누고 산다. 백인들은 자기들이 숨 쉬는 공기를 못 느끼는 것 같다. 마치 죽어 가는 사람처럼 악취에 무감각하니 말이다.

만약 우리가 그대들에게 땅을 팔더라도 우리에게 공기가 소중하고, 공기는 그것을 지탱하는 모든 생명과 신령스러운 기운을 나누어 갖는다는 사실을 기억해야 한다. 우리의 조상에게 첫 숨결을 베풀어 준 바람은 그의 마지막 숨도 받아 준다. 바람은 우리 아이들에게 생명의 기운도 준다. 우리가 땅을 팔더라도 잘 간직하길 바란다. 그래서 백인들도 이 땅을 들꽃 향기가 가득한 바람을 맛볼 수 있는 신성한 곳으로 만들어야 한다.

우리가 땅을 사겠다는 그대들의 제안을 받아들이더라도 한 가지 조건이 있다. 그것은 이 땅의 동물들을 형제처럼 대해야 한다는 것이다. 나는 그대들의 말처럼 미개인이니 다르게 생각할 수 없다. 나는 초원에서 썩어 가고 있는 많은 물소를 본 적이 있는데, 백인들이 달리는 기차에서 총으로 쏘고는 그대로 버려 둔 것들이었다.

그대들의 연기를 뿜는 철마가 오로지 생존을 위해서만 죽이는 우리의 물소보다 왜 더 소중한지를 모르겠다. 이것도 우리가 미개인이라서 그런지 모른다. 동물들이 없는 세상에서 인간이 어떤 의미가 있을까? 모든 동물이 사라진다면 인간도 영혼의 외로움으로 죽을 것이다. 만물은 서로 연결되어 있기 때문에 동물들에게 일어난 일이 인간들에게도 일어나게 마련이다.

3.
그대들은 아이들에게 그들이 서 있는 땅이 우리 조상들의 뼈라는 걸 알려 줘야 한다. 아이들이 땅을 존경할 수 있게 그 땅이 우리 종족의 삶으로 가득하다고 말해 주길 바란다. 우리가 우리 아이들에게 땅이 우리의 어머니라고 가르치듯이 그대들의 아이들에게도 가르쳐야 한다. 땅 위에 닥친 일은 그 땅의 아이들에게도 닥칠 것이므로 그들이 땅에 침을 뱉으면 그것은 자신에게 침을 뱉는 일과 같다.

땅이 인간에게 속하는 것이 아니라 인간이 땅에 속한다는 것을 우리는 알고 있다. 만물은 한 가족을 만드는 피와 같이 연결되어 있다는 것도 우리는 알고 있다. 인간은 생명의 그물을 짜는 게 아니라 다만 그 그물의 한 가닥에 불과한 것이다. 그가 그 그물에 무슨 짓을 한다면 그 것은 곧 자신에게 하는 짓이다.

우리는 우리 종족을 위해 그대들이 마련해 준 곳으로 가라는 제의를 고려해 보겠다. 우리는 떨어져서도 평화롭게 살게 될 것이다. 우리 아이들은 그들의 아버지가 패배로 굴욕당하는 모습을 봤다. 우리 전사들은 수치심을 느꼈고, 패배한 후로는 헛된 나날을 보내면서 달콤한 음식과 독한 술로 그들의 몸을 더럽히고 있다. 우리는 여생을 어디에서 보낼 것인가가 중요하지 않다. 왜냐하면 그리 많은 날이 남아 있지 않기 때문이다.

몇 번의 겨울이 더 지나면 옛날부터 이 땅에 살았고, 지금도 숲속에서 무리를 지어 살고 있는 위대한 부족의 자식들 중에서 살아남는 사람이 거의 없을 것이다. 그리고 한때 그대들만큼 힘이 세고 희망도 컸던 사람들의 무덤 앞에서 슬퍼해 줄 사람도 없을 것이다. 하지만 왜 내가 우리 부족의 멸망을 슬퍼해야 하는가? 부족이란 인간들로 이뤄진 집단일 뿐이다. 인간들은 파도처럼 왔다가 간다. 하느님과 친구처럼 함께 걷고 이야기하는 그대들도 공통된 이 운명에서 벗어날 수는 없다. 결국 우리는 한 형제임을 알게 될 것이다.

그대들도 언젠가 알게 되겠지만 우리 모두의 하느님은 하나다. 그대들은 땅을 갖고 싶어 하듯이 하느님을 소유하고 있다고 생각할지 모르겠지만 그건 불가능하다. 하느님은 인간의 하느님이기 때문에 그의 자비로움은 홍인에게나 백인에게나 똑같이 미친다. 이 땅은 하느님에게 소중한 것이므로 땅을 해치는 일은 창조주에 대한 모독이다. 백인들도 우리처럼 사라져 갈 것이다. 어쩌면 다른 종족보다 더 빨리 사라질 수도 있다.

4.

계속 그대들의 잠자리를 더럽힌다면 머지않은 밤에 쓰레기 더미 속에서 숨이 막혀 죽게 될 것이다. 그대들이 멸망할 때 그대들을 어떤 특별한 목적으로 이 땅에 보내서 홍인을 지배할 권한을 허락해 준 하느님에 의해 불태워져 밝게 빛날 것이다. 이것은 우리에게 불가사의한 신비다.

언제 물소들이 모두 살육되고, 야생마가 길들여지며, 숲 구석구석이 인간들의 냄새로 가득차고, 언덕이 말하는 쇠줄(전화선)로 더럽혀질지 우리는 모른다. 숲이 어디에 있는가? 사라졌다. 독수리는 어디에 있는가? 사라졌다. 조랑말 사냥에 작별을 알리는 것은 무엇을 의미하는가? 삶이 끝나고 죽음이 시작되었다는 뜻이다.

우리 땅을 사겠다는 그대들의 제안을 고려해 보겠다. 우리가 동의한다면 그대들이 약속한 보호구역에서 살 수 있을 것이다. 아마도 거기에서 우리는 얼마 안 남은 날들을 마치게 될 것이다. 마지막 홍인이 이 땅에서 사라지고, 그가 초원을 지나는 구름의 그림자처럼 희미하게 기억될 때, 이 숲과 기슭은 여전히 우리들의 영혼을 간직하고 있을 것이다. 새로 태어난 아이가 엄마의 심장 소리를 사랑하듯이 우리도 이 땅을 사랑하기 때문이다.

우리가 땅을 팔더라도 그대들이 우리가 사랑했던 것처럼 이 땅을 사랑해 주길 바란다. 우리가 돌본 것처럼 이 땅을 돌봐 주길 바란다. 그대들이 이 땅을 차지하게 되면 이 땅의 기억을 지금처럼 마음속에 간직해 주길 바란다. 온 힘과 마음을 다해서 그대들의 아이들을 위해서 이 땅을 지키고 사랑해 주길 바란다. 하느님이 우리 모두를 사랑하듯이 말이다.

우리는 한 가지를 알고 있다. 우리 모두의 하느님은 하나라는 것을 말이다. 이 땅은 그에게 소중하다. 백인들도 공통된 이 운명에서 벗어날 수 없다. 결국 우리는 한 형제임을 알게 될 것이다.

토론해 봅시다

주제 1. 시애틀 추장은 왜 '우리는 결국 한 형제라고 말했을까요?

_____

_____

_____

_____

_____

_____

주제 2. 자연을 개발하는 것은 옳은가요?

_____

_____

_____

_____

_____

_____

목걸이

—

기 드 모파상(Guy de Maupassant)
1850~1893, 프랑스 작가

작품 소개

이 작품은 사람들의 마음속 깊이 자리하고 있는 허영심을 다룬다. 허영(虛榮, vanity)의 사전적 정의는 '자기의 지식이나 경제적 능력, 분수 등에 어울리지 않게 겉만 화려하게 꾸미는 것'이다. 허영심은 물질문명의 가치를 정신문명의 가치보다 높게 보게 된 신자유주의 시대에 들어서면서 더 극심해졌다. 소설 속에서 주인공 르와젤 부인은 한순간의 잘못된 선택으로 10년을 저당 잡히고 만다. 결국 가짜 목걸이라는 사실을 안 것은 10년이라는 세월을 꼬박 바치고 나서였다. 우리가 지금 우상시하는 모든 것, 즉 좀 더 넓은 평수의 아파트, 학위, 명품, 심지어는 자녀교육까지…, 이 모든 것이 소설 속의 목걸이와 같이 우리의 삶을 풍요롭게 만들어 주는 것과는 거리가 먼 신기루에 불과하지 않을까? 이런 허영심에는 만족이 없다. 남보다 나아 보여야 하기 때문에 하나를 얻으면 그 다음 또 하나를 얻기 위해 끝을 모르고 치닫게 만들 뿐이어서 늘 불안감에 사로잡혀 살게 한다. 왜 사람들은 분에 넘치는 명품에 열광하는 것일까? 르와젤 부인과 남편은 어떻게 하면 고생하지 않을 수 있었을까? 르와젤 부인과 남편이 포레스티에 부인으로부터 사건의 내막을 알게 된 후에 어떻게 되었을까? 등 다양한 생각을 해 볼 수 있다. 우리는 이 짧은 글을 통해 우리 자신의 모습을 반추해 보고 좀 더 지혜롭게 살아가기 위해 정말 필요한 것들이 무엇인지 생각해 볼 수 있을 것이다.

허영(虛榮, vanity)
자기의 지식이나 경제적 능력, 분수 등에 어울리지 않게 겉만 화려하게 꾸미는 것

작품 읽기

1.

운명의 장난이라고 할까? 그녀는 매력 있고 아름다웠지만 가난한 관리의 집에서 태어났다. 그녀는 지참금으로 줄 만한 재산도 없고, 부모에게 받을 유산도 없어서 돈이 많거나 지위가 높은 남자와 결혼할 수 있다는 희망을 갖기가 어려웠다. 그래서 어쩔 수 없이 교육부에서 일하는 별 볼일 없는 관리에게 청혼을 받아 시집을 갔다. 그녀는 계절이 바뀔 때마다 화려한 옷을 사 입는다는 생각은 아예 하지도 못하고, 그저 소박하게 살아야 해서 세상에서 버림받은 것처럼 불행하다고 느꼈다.

여자들에게는 가문의 지위나 혈통보다 미모와 애교, 매력이 더 중요했다. 고상한 기품과 우아한 취미, 민첩한 감각 등이 그들만의 계급을 만들기 때문에 평범한 여인도 이런 것들만 갖추면 귀부인과 어깨

를 나란히 할 수도 있었다.

　그녀는 자신이야말로 쾌락과 사치를 누릴 수 있는 자격을 갖고 태어난 사람이라는 생각을 갖고 있었기 때문에 항상 마음이 아팠다. 허름한 집과 낡은 의자, 빛바랜 커튼만 봐도 괴로웠다. 자기와 같은 처지에 있는 다른 여자들이라면 아예 신경도 쓰지 않을 것들 때문에 가슴이 쓰리기만 했다. 그녀는 자신의 살림을 도와주는 브르타뉴 태생의 하녀를 볼 때마다 안타까움과 절망, 이룰 수 없는 꿈에 사로잡혀서 괴로움을 느꼈다.

　그녀는 꿈꾸듯이 멋진 상상을 하곤 했다. 동양식 벽지에 불 켜진 청동 촛대가 있는 아늑한 거실에서 짧은 바지를 입은 두 명의 하인이 안락의자에 앉아 잠을 자고 있기도 했다. 어떨 때는 우아한 골동품과 아름다운 장식품들이 놓여 있는 응접실에서 유명인들과 가까운 친구들이 어울려서 고상한 대화를 나누고 있기도 했다.

　하지만 현실에서는 사흘째 세탁을 하지 않아서 얼룩이 묻은 식탁보를 씌운 둥근 식탁에 남편과 마주보고 앉아 있었다. 남편은 저녁으로 준비한 수프 그릇 뚜껑을 열면서 이렇게 맛있는 수프는 처음 먹어 본다면서 감탄했다. 그런 모습을 보면서 그녀는 얼른 호화로운 만찬을 상상했다. 은그릇들이 테이블 위에서 빛나고, 벽지에는 신비한 숲속에 사는 새나 동화 속 주인공이 그려져 있었으며, 고급스런 그릇에는 온

갓 음식이 가득했다. 그리고 부드러운 미소를 지닌 사람들이 생선 요리나 닭 요리를 먹으면서 서로의 환심을 사기 위해 담소를 나누었다.

그녀에게는 멋진 옷이나 보석이 전혀 없었다. 그런데 그녀가 좋아하는 건 이런 것들뿐이었다. 그녀는 자신이 그런 것들을 위해서 태어났다고 생각할 정도로 쾌락을 갈망했으며, 남자들을 매혹시켜서 구애를 받고 싶었다.

그녀의 학교 동창 중에 부자 친구가 한 명 있었다. 그녀는 그 친구를 만나는 게 무척이나 마음아파서 일부러 멀리했다. 그 친구를 만나고 오면 그녀는 며칠 동안 슬픔과 후회, 절망과 비관으로 눈물을 흘렸다.

2.

그런데 어느 날 저녁에 남편이 손에 봉투 하나를 들고는 밝은 표정을 지으며 들어왔다. 남편이 그녀에게 건넨 봉투에는 초대장이 들어있었다.

'교육부 장관 조르주 랑포노 부부가 1월 18일 월요일 저녁에 관사에서 파티를 개최하오니 르와젤 부부께서 참석해 주시기 바랍니다.'

그녀가 기뻐할 것이라는 남편의 기대와 달리 그녀는 기분이 나빠져서 초대장을 식탁에 내던지며 자기 보고 어쩌란 말이냐고 투덜댔다. 남편은 하급 관리들에게 몇 장 주지도 않는 초대장을 얻으려고 엄청 고생했다면서 외출이 거의 없었던 그녀가 거기에서 고위 관료들과 어울리면 좋지 않겠냐고 말했다. 그녀는 새초롬한 눈으로 남편을 쳐다보더니 더 이상 참을 수 없다는 듯 이렇게 소리쳤다.

"그래, 당신은 날보고 뭘 몸에 걸치고 가라는 거예요?"

남편은 미처 거기까지는 생각하지 못했기 때문에 기어들어 가는 목소리로 말했다.

"아니 왜, 지난번에 극장에 갈 때 입었던 옷이 있지 않아요? 내가 보기엔 좋던데…."

그는 아내가 울음을 터뜨리자 놀라고 당황해서 무슨 말을 해야 할지 몰랐다. 그녀의 눈에서 흐르는 굵은 눈물방울을 보면서 그는 더듬거리며 말했다.

"왜 그래요? 왜 그러는 건데요?"

그러자 그녀는 겨우 슬픔을 가라앉힌 뒤에 눈물을 닦으면서 조용한 목소리로 말했다.

"아무것도 아니니 신경 쓰지 마세요. 난 그저 입고 갈 옷이 없어서 이 파티에는 갈 수 없을 뿐이에요. 그러니 초대장은 나보다 옷이 많은 부인을 둔 동료에게 주세요."

그는 언짢은 마음으로 이렇게 말했다.

"여보, 마틸드. 적당한 옷을 한 벌 사는 데 얼마나 들지요? 이런 일이 있을 때 입을 수 있고, 너무 비싸지 않은 것으로 말이에요."

그녀는 잠시 생각에 빠졌다. 가격을 계산해 보기도 하고, 얼마 정도라고 해야 이 검소한 양반이 당장에 거절하지 않고 놀라서 비명도 지르지 않을 것인지 생각해 보기도 했다. 한참을 망설이다가 마침내 그녀가 입을 열었다.

"정확히는 모르겠지만 4백 프랑 정도면 되지 않을까요?"

남편의 얼굴이 약간 어두워졌다. 왜냐하면 엽총을 사려고 꼭 이만한 돈을 은행에 저축해 두었기 때문이다. 그는 다가오는 여름에 일요일마다 종달새 사냥을 즐기는 친구들과 함께 낭테르 벌판으로 사냥을 가기로 약속했다. 하지만 그는 이렇게 대답했다.

"그래요, 4백 프랑을 줄 테니 마음에 드는 예쁜 옷을 사도록 해요."

옷은 준비가 되었지만 파티 날이 가까워지자 르와젤 부인은 근심과 걱정, 슬픔으로 마음이 무겁기만 했다. 어느 날 저녁에 남편이 그녀의 안색이 좋지 않아 보인다면서 이유를 물었다. 그녀는 보석도, 장신구도, 몸에 붙일 만한 건 아무것도 없는 자신이 딱하다면서 우스운 꼴을 당하기 싫어서 파티에 가고 싶지 않다고 했다. 남편은 예쁜 장미꽃을 달고 가면 어떻겠냐고 물었다. 그녀는 돈 많은 여자들 틈에서 구질구질하게 보이는 것처럼 치욕스러운 일은 없을 거라고 대답했다. 그러자 남편은 그녀의 친구인 포레스티에 부인을 찾아가서 보석을 빌려 달라고 부탁해 보라고 했다. 그녀는 미처 그 생각을 못했다면서 기뻐했다.

다음 날 그녀는 친구를 찾아가 자신의 딱한 사정을 말했다. 그랬더니 포레스티에 부인은 거울이 달린 옷장 앞으로 가더니 큰 상자 하나를 들고 와서 열어 보이며 르와젤 부인에게 골라 보라고 했다. 그녀는 먼저 몇 개의 반지를 보고, 그 다음 진주 목걸이, 베네치아산 십자가, 정교한 솜씨로 만든 패물들을 봤다. 하지만 거울 앞에서 그것들을 번갈아 가며 몸에 걸쳐 보면서 망설이기만 할 뿐 마음을 정하지 못했다.

그녀는 다른 건 없냐고 물었다. 친구는 어떤 게 마음에 들지 알 수 없어서 일단 아무거나 꺼내 봤다면서 다른 보석 상자를 갖고 왔다. 검은 상자를 열었더니 눈부신 다이아몬드 목걸이가 들어 있는 것이 눈에 띄었다. 갑자기 그녀의 가슴이 마구 뛰기 시작했다. 그녀는 손을 떨면서 그것을 집어 들고는 자기 목에 걸어 보고 스스로 그 모습에 도취되어 황홀해 했다. 그러고는 난처한 듯 망설이면서 다른 건 필요 없으니 이걸 빌려 달라고 부탁했다. 친구는 그러라고 했다. 그녀는 친구의 목을 끌어안고 격렬하게 입을 맞추고는 목걸이를 들고 빠른 걸음으로 돌아왔다.

3.
파티 날이 되었고, 르와젤 부인은 성공했다. 그녀는 누구보다도 아름답고 우아하면서도 맵시가 있었으며, 기쁨에 겨워 활짝 웃었다. 파티에 참석한 모든 남자가 그녀를 바라봤고, 이름을 물으면서 소개받기를 원했다. 모든 관리가 그녀와 춤을 추고 싶어 했고, 장관도 유심히 그녀를 바라봤다. 그녀는 흥분 속에서 취한 듯 춤에 빠져들었다. 아름다움의 성공과 영광, 존경과 찬미, 깨어난 욕망 등으로 이루어진 완전

무결한 승리가 가져다 준 행복의 절정에서 그녀는 모든 걸 잊을 수 있었다.

　그녀는 새벽 4시가 넘어서 파티장을 나왔다. 남편은 자정부터 사람도 없는 응접실에서 친구 세 명과 함께 자고 있었다. 그 동안 부인들은 마음껏 쾌락의 세계를 즐긴 것이다. 남편은 잠에서 깨어나 돌아갈 때를 생각해서 갖고 온 옷을 그녀의 어깨에 걸쳐 주었다. 그 옷은 평소에 주로 입는 검소한 옷이라서 화려한 파티 의상과는 어울리지 않고 너무 초라해 보였다. 이런 느낌이 들자 그녀는 비싼 모피옷으로 몸을 감싸고 있는 여자들의 눈에 띄지 않으려고 몸을 피하려고 했다.
　르와젤은 그녀를 붙들고 이렇게 나가면 감기가 들지 모른다면서 밖에 나가 마차를 불러오겠다고 했다. 하지만 그녀는 남편의 말을 듣지 않고 급하게 계단을 뛰어 내려갔다. 그들이 거리로 나왔을 때는 마차가 한 대도 보이지 않았다. 그들은 멀리 지나가는 마차를 큰 소리로 부르면서 마차를 잡으려고 했다. 그들은 낙담해서 몸을 떨면서 센 강 쪽으로 걸어가다가 때마침 지나가는 낡은 마차를 발견했다. 낮에 파리를 돌아다니는 것이 부끄러운 듯 밤에나 볼 수 있는 허름한 마차였다. 그들은 그걸 타고 마르티르 거리에 있는 집에 도착했다.

　그들은 쓸쓸한 모습으로 계단을 올라갔다. 그녀에게는 모든 것이 끝나는 순간이었다. 남편은 오전 10시까지 출근할 생각을 하고 있었다. 그녀는 화려한 자신의 모습을 다시 한 번 보려고 거울 앞에 서서 어깨 위에 걸쳤던 웃옷을 벗었다. 그리고 갑자기 비명을 질렀다. 목에 있던 목걸이가 없었던 것이다. 옷을 갈아입고 있던 남편이 놀라서 왜 그러냐고 물었다. 그녀는 남편을 돌아보며 얼이 빠진 사람처럼 목걸이가 없어졌다고 대답했다. 남편은 깜짝 놀라서 벌떡 일어서며 그럴 리가 있냐고 되물었다.

그들은 옷 갈피 속과 외투 사이, 호주머니 속을 샅샅이 살펴봤다. 하지만 목걸이는 안 보였다. 남편이 파티장에서 나올 때까지 확실히 있었느냐고 묻자 그녀는 장관댁 현관에서 만지기까지 했다고 대답했다. 남편은 오는 길에 목걸이가 떨어지는 소리를 못 들었으니 마차 안에서 잃어버린 게 분명하다고 말했다. 하지만 둘 다 마차 번호는 기억하지 못해서 낙담했다.

남편은 혹시 길에 떨어졌을지도 모른다면서 왔던 길을 다시 가 보겠다고 말하고는 밖으로 나갔다. 그녀는 드레스를 입은 채 자러 갈 기력이 없어서 불도 피우지 않고 멍하니 의자에 앉아 있었다. 남편은 아침 7시경에 돌아왔는데, 아무것도 찾지 못했다고 했다. 그는 현상을 걸려고 경찰서로, 신문사로, 마차회사로 뛰어다녔다. 희망이 보이는 곳이라면 어디든 찾아갔다. 아내는 이 무서운 재앙 앞에서 거의 넋을 잃고 하루 종일 남편을 기다렸다. 르와젤은 저녁때가 되어서야 야위고 파리해진 얼굴로 돌아왔다. 그는 결국 아무것도 발견하지 못했다.

남편이 체념한 듯 말했다.

"여보, 당신 친구에게 편지를 써야겠어요. 목걸이 고리가 망가져서 수리를 맡겼다고 해요. 그럼 돌려주는 데 시간의 여유가 생길 거예요."

그녀는 남편이 부르는 대로 받아 적었다. 1주일이 지나자 그들은 모든 희망을 잃어버렸다. 그 동안 갑자기 5년이나 늙어 버린 것 같은 르와젤은 결심한 듯 이렇게 단호하게 말했다.

"똑같은 보석을 구해서 돌려줄 수밖에 없겠네요."

다음 날 그들은 목걸이가 들어 있던 상자를 들고 상자 속에 적힌 보석가게를 찾아갔다. 주인은 장부를 들춰 보며 그 목걸이는 자기가 판 게 아니라 상자만 제공한 거라고 했다. 그들은 기억을 더듬어 가면서 똑같은 목걸이를 찾으려고 여기저기 돌아다녔다. 두 사람은 너무 큰 슬픔과 근심 때문에 환자처럼 보였다.

그들은 팔레 르와얄의 어떤 상점에서 찾고 있던 것과 비슷한 다이아몬드 목걸이를 발견했다. 가격은 4만 프랑이었지만 3만 6천 프랑까지 깎아 주겠다고 했다. 그들은 보석상에게 3일 안에 사러 올 테니 다른 사람에게 팔지 말라고 부탁했다. 그리고 이달 말까지 잃어버린 목걸이를 다시 찾게 되면 상점에서 3만 4천 프랑으로 다시 사 준다는 조건으로 계약했다.

르와젤은 부모에게 물려받은 유산이 1만 8천 프랑 정도 있었고, 나머지는 빚을 내기로 했다. 그는 여기저기 닥치는 대로 빚을 냈고, 전

재산을 담보로 고리대금을 쓰기도 했다. 그는 돈을 구하기 위해 자신의 모든 인생을 걸었으며, 이행할 수 있을지 확실하지도 않으면서 함부로 계약서에 도장을 찍었다. 그는 앞으로 닥쳐 올 불행에 대한 걱정과 물질적인 압박, 정신적인 고통에 대한 생각으로 몸을 떨었다. 그는 보석상으로 찾아가 3만 6천 프랑을 주고 새 목걸이를 샀다.

르와젤 부인이 목걸이를 돌려주려고 프레스티에 부인을 찾아갔을 때 친구는 불쾌한 표정으로 자기가 쓸 일이 생길 수도 있는데 왜 이렇게 늦게 갖다 주냐고 불평했다. 그녀는 친구가 상자를 열어 보면 어쩌나 조마조마했지만 다행히도 상자 뚜껑을 열어 보지 않았다. 그래도 '물건이 바뀐 걸 알면 친구는 어떻게 생각할까? 친구는 내게 뭐라고 말할까? 나를 도둑으로 생각하지 않을까?' 등의 생각으로 계속 마음을 졸였다.

4.

르와젤 부인은 가난한 사람들의 생활이 얼마나 비참한지 잘 알고 있었다. 하지만 그녀는 곧바로 이 엄청난 빚을 갚겠다는 비장한 결심을 했다. 그녀는 무슨 짓을 해서라도 빚을 갚겠다는 마음으로 하녀도 내보내고, 집도 다락방으로 옮겼다. 그녀는 집안일과 부엌일이 얼마나 귀찮고 힘든 일인지 알게 되었다. 설거지와 세탁을 하느라 그녀의 장밋빛 손톱은 조금씩 망가졌다. 매일 쓰레기를 직접 버렸고, 계단을 오르며 물을 길어 날랐다. 그녀는 거지 같은 차림으로 식료품 가게나 정육점에서 값을 깎다가 욕을 먹으면서도 한 푼씩 절약했다.

남편은 아침저녁으로 눈코 뜰 새 없이 바쁘게 일했다. 낮에는 직장일을 하고, 저녁에는 상인들의 장부 정리를 했으며, 밤에는 서류 작성을 대리하는 일을 했다. 그들은 매월 돌아오는 어음을 지불하고, 지급일을 연기하기도 하면서 버텼다. 그런 생활이 10년이나 계속되었다. 그리고 드디어 10년 후에 모든 빚을 갚았다. 고리대금의 이자와 그 이자의 이자까지도 말이다.

르와젤 부인은 노인처럼 변했고, 거칠고 억센 가난한 집의 살림꾼이 되었다. 머리는 아무렇게나 붉게 변한 손으로 넘겼고, 치마는 비뚤어진 채로 내버려 뒀다. 남편이 출근한 후에 집안 청소를 하다가 가끔씩은 지난날의 그 파티에서 자신이 환대받았던 모습을 상상하며 이렇게 중얼거리곤 했다.

'그 목걸이를 잃어버리지 않았다면 난 어떻게 되었을까? 인생이란 참 무상한 것이구나! 사소한 일이 파멸을 부르기도 하고 구원을 베풀기도 하니까!'

그러던 어느 일요일에 그녀는 일주일의 고단함을 풀기 위해 샹젤리제를 한 바퀴 돌다가 어린아이를 데리고 산책하는 한 부인을 발견했다. 그녀는 변함없이 젊고 매력적으로 보이는 포레스티에 부인이었다. 르와젤 부인은 두근거리는 가슴을 진정시키며 그 동안의 일을 얘기하기로 했다. 그녀는 가까이 다가가 인사를 했다.

"참 오랜만이네, 친구."

포레스티에 부인은 그녀를 몰라보고, 초라한 여자가 자신을 그렇게 정답게 부르는 것에 놀라서 대답했다.

"저는 잘 모르겠는데, 사람을 잘못 본 게 아니에요?"

"나, 르와젤이야."

친구는 놀라서 소리를 질렀다.

"아니! 가엾어라. 어떻게 이렇게나 변했어?"

"참 고생이 많았지. 우리가 마지막으로 만났던 후로 말이야. 그 고생살이가 모두 너 때문이었어."

"나 때문이었다고? 왜?"

"내가 교육부 장관댁의 파티에 가려고 네게 빌렸던 다이아몬드 목걸이 생각나니?"

"응, 그런데?"

"그때 그걸 내가 잃어버렸지."

"뭐라고? 나한테 돌려줬잖아."

"내가 돌려준 건 비슷하지만 다른 거였어. 그것을 갚느라 10년이 걸렸지 뭐야. 가난했던 우리에게 그게 얼마나 큰 시련이었을지는 짐작이 갈 거야. 하지만 결국 모두 해결돼서 이젠 속이 시원해."

포레스티에 부인이 갑자기 발걸음을 멈추고 말했다.

"그렇다면 내 것 대신에 다른 목걸이를 사 왔단 말이야?"

"그럼, 아직까지도 그걸 몰랐던 모양이군. 하긴, 모양이 똑같았으니까."

그녀는 순박하면서도 자랑스런 미소를 지었다. 포레스티에 부인은 숨이 막힐 듯한 감동을 느끼면서 그녀의 두 손을 붙잡고 말했다.

"아! 가엾어서 어쩌면 좋니? 내건 가짜였어. 기껏해야 5백 프랑밖에 안 하는…."

토론해 봅시다

주제 1. 르와젤 부인은 왜 가짜 목걸이 때문에 10년이나 고생했을까요?

주제 2. 명품으로 외모를 화려하게 꾸미는 것은 옳은가요?

눈먼 종달새

—

루이자 메이 올컷(Louisa May Alcott)
1832~1888, 미국 작가

작품 소개

이 작품은 희망에 대해 얘기하고 있다. 희망(希望, hope)의 사전적 정의는 '앞으로 생길 일에 대하여 좋은 결과를 기대하는 것'이다. 작가는 어릴 적 열병으로 시각장애를 갖게 된 어린 리치의 이야기를 통해 장애를 가진 사람들에게서 희망을 발견할 수 있다고 말한다. 그리고 일시적인 도움을 넘어서 자신만의 고유한 가치를 발견하고 사회에서 쓰임 받는 사람이 되는 것이 진정한 도움임을 보여 준다. 리치는 '눈먼 종달새'라고 불릴 만큼 노래를 잘하는 아이지만 어린 시절에 장애를 갖게 된 후 다른 사람들의 짐이 되어 죽지 못해 삶을 이어 간다. 그러다 꽃을 들고 온 친절한 사람에 의해 리치의 재능이 빛을 발하게 되고, 오히려 자선음악회를 통해 모금 활동을 하면서 같은 처지에 있는 많은 장애인들에게 도움을 주는 사람이 된다. 이렇게 사회에서 쓰임 받는 사람이 된다는 것은 자신이 사회에서 가치 있는 사람이라는 것이고, 이는 자아효능감으로 이어져 자존감이 상승하는 결과를 가져오게 된다. 닉 부이치치 같은 사람을 보면 큰 장애를 가진 사람이라고 볼 수 없을 만큼 당당하고 자신감 넘치는데, 자아효능감에서 오는 높은 자존감의 중요성을 알 수 있다. 장애인에 대해서 어떻게 생각하는가? 자신이 장애인이 된다면 어떨까? 장애를 가진 사람이 행복할 수 있는 방법은 무엇일까? 등 다양한 생각을 해 볼 수 있다. 이 작품은 우리 주변에 있는 장애인에 대한 편견을 버리고, 그들도 우리와 함께 공존하는 사회의 중요한 일원임을 인정하도록 하며, 그들을 진정으로 돕는 것이 어떤 것인지 깨닫도록 도와준다.

희망(希望, hope)
앞으로 생길 일에 대하여 좋은 결과를 기대하는 것

작품 읽기

1.

옛날 한 마을의 낡은 집에 가난한 가족이 살고 있었다. 그들은 어머니와 리치, 꼬마 빌리였다. 이곳은 햇볕이 잘 들지 않고 바람도 거의 불지 않아서 겨울에 눈이 내리면 금방 진흙탕이 되곤 했다. 리치는 바로 그 거리의 허름한 집에 살고 있었다. 집 밖으로 나가는 일이 거의 없이 갇혀 지내다시피 했다. 아홉 살의 리치는 절망과 무력감, 외로움 속에서 죽을 날만 기다리는 사람처럼 살았다. 왜냐하면 앞을 볼 수 없었기 때문이다.

리치는 여섯 살 때 심한 열병을 앓고 나서 눈이 멀었다. 리치가 봤던 파란 하늘과 초록 들판, 찬란한 태양은 아주 희미한 기억으로만 남게 되었다. 리치의 얼굴에는 어두운 그늘이 생겼고, 가족에게도 짙은 그림자가 드리워졌다. 얼마 후 아버지가 돌아가셨고, 어머니는 하루 세 끼를 해결하기 위해 힘들게 일해야 했다. 하지만 리치는 아름다운 노래를 만들어 빌리에게 들려주었다. 리치는 다른 아이들처럼 학교를 다니거나 밖에서 노는 대신에 하루 종일 노래를 친구 삼아서 흥얼거리다가 잠이 들곤 했다. 아이들의 하루하루는 외롭고 우울하기만 했다.

리치는 엄마처럼 빌리를 정성껏 돌봤고, 빌리도 어른처럼 누나의 일을 도와주었다. 빌리는 또래 개구쟁이 아이들과 달리 마르고 창백한 얼굴에 말이 없는 아이였다. 리치가 노래를 하면 빌리는 조용히 따라 흥얼거렸다. 이런 모습을 지켜 본 이웃들은 리치를 불쌍히 여기면서 자신들이 할 수 있는 도움을 주었다. 사람들은 리치가 부르는 노래를 좋아해서 리치를 '눈먼 종달새'라고 불렀다.

빌리는 즐거운 일이 별로 없어서 잠을 많이 자는 편이었다. 리치는 노래하는 것 외에는 다른 할 일이 없어서 세상을 상상하며 시간을 보냈다. 친구도 없고, 공부도 하지 않고, 놀지도 못하고, 어머니는 밥만 챙겨 주고 거의 방치하다시피 해서 사람들은 리치가 이러다 바보가 될 거라며 수군거렸다. 하지만 리치는 빌리를 돌보는 것으로 자신의 존재 이유를 찾았다면서 빌리가 없었으면 자신은 죽었을 거라고 말하곤 했다.
안타깝게도 리치는 의무이기 전에 기쁨이었던 일조차 잃어버렸다.

꽃샘추위가 찾아온 어느 이른 봄에 빌리는 리치 곁에서 숨을 가늘게 내쉬다가 혼자 하늘나라로 가 버렸다. 리치는 가슴이 찢어지는 고통을 느꼈고, 사람들은 리치에게 유일한 즐거움이었던 빌리가 죽었기 때문에 리치도 빌리를 곧 따라갈 거라고 생각했다. 리치는 빌리가 살아 있기라도 하는 것처럼 빌리의 침대에서 누운 채 슬픈 자장가를 불렀다.

길을 지나가던 부인들은 앞을 보지 못하는 사람들이 살기 힘든 세상이니 리치가 그만 사는 게 더 좋을 거라는 말도 했고, 리치의 엄마도 부담을 덜게 되면 살림살이가 조금이나마 나아질 거라고 말하기도 했다. 열어 둔 창문으로 들리는 부인들의 대화소리에 리치는 죽음으로써 자신을 자유롭게 해 달라고 기도했다. 빌리가 죽어서 이제는 더 이상 아무 쓸모가 없어진 리치는 빌리가 있는 하늘나라로 가고 싶었다. 리치는 갈수록 쇠약해졌지만 천국에서 빌리가 리치를 기다리고 있다는 꿈을 꿀 때만큼은 행복했다.

2.
여름이 되자 대부분의 아이는 산과 바다로 여행을 떠났고, 골목길의 아이들조차 흔해진 과일을 마음껏 먹으면서 여름을 즐기고 있었다. 가난한 아이들을 위한 야유회가 있던 날, 아이들은 시든 꽃을 손에 들고 와서 리치에게 하루 동안 있었던 이야기를 들려주었다. 리치는 천국에도 야유회가 있을까 궁금해하다가 빌리를 떠올리고는 다시 마음이 아팠다. 빌리를 다시 만나는 것 외에는 그 어떤 것도 리치에게 즐거움을 줄 수 없었다.

무더위가 기승을 부리던 8월의 어느 밤, 리치는 침대에 누워서 힘없는 목소리로 '아름다운 푸른 바다'라는 노래를 부르고 있었다. 리치는 꿈에서나마 시원한 곳을 찾으려고 애쓰다가 깜빡 잠이 들었다. 그러다가 코끝에서 달콤한 꽃향기가 나는 걸 느꼈다. 그때 상냥한 목소리가 귓가에 들렸다.

"나는 작은 새를 따라서 여기까지 왔단다. 꽃을 갖고 싶니?"

"이곳은 천국인가요? 빌리는 어디에 있어요?"

반쯤 잠에서 깨서 비몽사몽인 리치는 주변을 손으로 더듬으면서 물었다.

"난 빌리가 아니란다. 꽃을 가지러 갈 수 없는 아이들에게 꽃을 전해 주는 사람이지. 두려워하지 않아도 된단다. 앉아 봐, 자세히 얘기해 줄게."

그러더니 리치의 손을 잡았다.

"아무래도 제가 죽은 것 같아서 기뻐요. 빌리가 너무 보고 싶어요. 당신도 잘 아는 제 동생 말이에요."

리치의 손이 친절한 사람의 손을 잡았다. 그러자 상큼한 향이 나는 장미 한 다발이 손에 잡혔다.

"아! 정말 멋져요. 이런 꽃을 받은 건 처음이에요. 이런 꽃다발을 사람들에게 전해 주시다니 정말 마음이 착한 분이시군요."

리치는 이런 놀라운 일을 확인하려는 듯 소리쳤다. 친절한 사람은 리치에게 부채질을 해 주었고, 리치는 침대에 누운 채 장미꽃 향기에 취해서 그 사람이 들려주는 얘기를 들었다. 갇혀 지내던 리치가 한 번도 들어 본 적이 없는 행복한 이야기였다. 리치는 자신의 이야기도 조금 들려주었다. 그런데 그것이 얼마나 슬픈 이야기인지 전혀 짐작도 하지 못했다. 그 사람의 얼굴을 손으로 만졌을 때 눈물로 범벅이 되었다는 걸 알았다.

"제가 불쌍한가요? 사람들은 제게 무척 친절하지만 전 그저 짐일 뿐이에요. 죽어서 빌리에게 가는 게 더 좋아요. 그래도 빌리에게는 좀 쓸모가 있지요. 이곳 사람들에게 전 아무 의미가 없어요. 제가 없는 게 불쌍한 엄마에게 더 좋을 거라고 사람들이 말하는 것도 들었어요."

"얘야. 난 앞은 못 보지만 엄마에게 짐이 아니라 큰 힘이 되어 주는 한 소녀를 알고 있단다. 그 소녀처럼 너도 배우고 도움을 받으면 쓸모 있는 아름답고 행복한 존재가 될 거야."

리치가 모든 게 확실한 꿈이라고 믿을 때까지, 친절한 사람은 요정보다 더 부드러운 목소리로 신기한 이야기를 계속 해 주었다.

"누가 그 소녀를 알려줬나요? 어떻게 내가 그렇게 할 수 있어요? 거긴 어디죠?"

리치는 자리에서 일어나 친절한 사람에게 물었다. 포근한 팔이 리치를 안자, 그녀의 심장 박동을 따라 꽃다발이 흔들렸다. 리치는 마치 이 사람의 얼굴이 눈에 보이기라도 하듯이 두 눈을 떴다. 리치의 귀에는 어느 하얀 저택에 관한 신비로운 이야기가 들렸다. 푸른 꽃길과 정원이 있고, 뒤로는 파란 바다가 보이며, 늘 시원한 바람이 부는 언덕 위의 아름다운 집이었다. 그 안에는 음악 소리와 행복한 사람들의 목소리가 가득했고, 밝게 빛나는 얼굴과 바쁘게 움직이는 손길이 넘쳤다. 그리고 그곳에서는 사랑이 넘치는 일에 전념한 사람들이 모여서 계속 자신들의 일을 해 왔다.

"거긴 천국보다 멋진 곳이 분명해요!"

리치는 그들의 일과 놀이, 행복하고 건강한 생활, 사랑과 우정, 존재 가치와 자유 등에 관한 이야기를 들으며 감탄했다. 아이라면 그 모든 것을 갈망했고, 너무도 소중한 권리라서 듣는 것만으로도 가슴 설레는 즐거움을 느꼈다. 리치는 당장 그곳에 가고 싶은 소망이 생겼다. 친절한 손님이 돌아간 뒤에도 리치는 한참이나 은혜로운 꿈에서 깨지 못했다. 친절한 손님은 어둠이 빛으로 변하는 아름다운 곳으로 들어갈 수 있는 길을 찾아서 다시 오겠다는 약속을 하고는 리치의 집을 떠났다.

3.

친절한 손님의 방문은 신비한 약과 같았다. 그 손님이 따뜻한 목소리로 "꽃을 갖고 싶니?"라고 말했던 순간부터 리치는 몸이 회복되기 시작했고, 가슴에 희망이 싹텄다. 리치를 짓누르던 짙은 어둠이 걷히는 것 같았고, 육체적 불편함도 참을 만해졌다. 앞 못 보는 아이들이 짐이 되지 않는 곳에서 사는 행복한 아이들을 생각하니 외로움도 없어지는 것 같았다. 리치는 어머니에게 이 모든 걸 얘기했다. 어머니는 리치의 말을 믿고 싶었지만 안타까워하면서 이렇게 말했다.

"얘야, 너무 마음에 담아 두진 말거라. 약속은 하기도 쉽지만 잊기도 쉬운 거란다. 부유한 사람들은 어쩔 수 없을 때가 아니면 가난한 사람들에게 관심을 갖지 않는단다."

하루하루 장미는 시들어 가고, 아무도 찾아오지 않았지만 리치의 믿음은 흔들리지 않았다. 눈먼 사람들이 일하고 공부하면서 놀이도 즐길 수 있다는 사실이 리치에게 힘과 용기를 주었다. 리치는 창가에 앉아서 먼 곳을 바라보며 노래를 부르면서 그 사람을 기다렸다. 리치의 건강이 좋아지자 사람들도 기뻐했다. 거리의 소음 속에서 들리는 아름다운 리치의 노랫소리에 모두가 행복함을 느꼈다. 어머니도 리치가 나아지고 있다는 희망이 생겨서 한결 가벼운 마음으로 일하러 갈 수 있었다.

비가 세차게 내리는 어느 토요일, 아무도 '꽃을 전해 준 여인'을 기대하지 않았다. 리치도 한숨을 쉬기는 했지만 희망의 미소를 띠면서 이렇게 말했다.

"오늘은 오기 힘들겠지만 날이 개면 꼭 올 거라 믿어요."

그런데 날이 개기도 전에 꽃의 여인이 다시 찾아왔다. 리치는 마음속에 간절히 그리던 그녀의 발소리를 들으며 앉아 있었다. 잠시 후에 두 사람이 속삭이듯 얘기를 나누면서 꽃을 한 아름 안고 들어왔다. 꽃의 여인 그레이스가 입을 열었다.

"이 아이가 미나야. 내가 전에 말했던 그 소녀란다. 너를 무척 만나고 싶어 해서 함께 왔어."

그녀가 말하는 동안 앞 못 보는 친구들은 서로의 얼굴을 더듬으면서 입맞춤으로 인사를 나누었다. 리치는 새로운 친구를 껴안느라고 꽃다발까지 떨어뜨렸고, 기쁨과 설렘으로 몸을 떨었다. 그들은 정신없이 이야기를 나누었다. 그레이스는 옆에서 그 모습을 지켜보면서 가엾은 아이들에게 구원과 은혜를 주는 일에 보람을 느꼈다.

미나는 1년째 이 행복한 학교에 다닌다고 했고, 거기서 손으로 보는 법도 배웠다고 했다. 미나의 즐거운 생활에 대한 이야기를 듣고 있던 리치가 자기도 거기 갈 수 있냐고 물었다. 그레이스는 안타까운 목소리로 열 살이 안 된 아이들은 거기에 못 들어온다고 대답했다. 리치는 너무 큰 실망감에 베개에 얼굴을 묻으면서 울음을 터뜨렸다. 미나가 리치를 달래는 동안 그레이스는 도움이 필요한 모든 아이를 위한 자리가 곧 마련될 거라고 위로했다. 그녀의 희망적인 이야기를 듣고서야 리치는 눈물을 거두고 물었다.

"전 내년 6월에 열 살이 되는데, 1년이나 남은 시간을 어떻게 기다

려야 할지 모르겠어요. 혹시 어린아이들을 위한 학교가 빨리 마련될
수 있을까요?"

그레이스는 조심스럽게 대답했다.

"그렇게 되면 좋겠지만 오래 기다려야 할 것 같구나. 하지만 네가
온다면 확실히 넌 우리를 도울 수 있을 거야."

리치가 한숨을 쉬면서 말했다.

"그래요? 돕는 일이라면 저도 좋아하긴 하지만 전 아무것도 할 줄
아는 게 없는데요?"

"넌 노래를 잘 부르잖아, 그게 아주 큰 도움이 될 수 있단다. 난 '눈
먼 종달새'에 관한 이야기를 사람들에게 들어서 알고 있었어. 사람들
에게 부탁해서 널 찾고 있다가 네 노랫소리를 듣고 이곳으로 온 거야.
넌 이렇게 씩씩하고 건강하니까 다른 어린아이들을 위한 집을 마련하
는 데 함께할 수 있을 거야. 도와줄 수 있겠니?"

그레이스의 말에 리치의 표정은 밝아졌다. 다른 사람들을 돕는다는
생각에 행복함이 얼굴에 가득했다. 리치는 미래에 대한 새로운 희망
으로 조금 전의 실망감도 잊은 채, 멋진 계획이 있는 듯한 표정을 지었
다. 리치가 큰 소리로 물었다.

"제가 도움이 될까요? 정말 제 노래를 좋아하는 사람들이 있을까
요? 빛을 기다리는 가엾은 아이들을 위해서라면 무슨 일이든 하고 싶
어요."

"넌 충분히 할 수 있어. 지금처럼만 하면 아무리 마음이 차가운 사

람이라도 네 노래에 마음이 움직일 거야. 네가 준비되면 자선 행사와 음악회를 열 계획이야."

그레이스는 가녀린 소녀가 혹시 상처라도 받지는 않을지 조금 걱정이 되었다.

그때 리치의 어머니가 돌아왔다. 그레이스가 어머니에게 자세한 설명을 하는 동안 미나는 리치와 이야기를 나누면서 리치의 마음을 편하게 해 주었다. 그들이 떠날 때 리치는 창가에 서서 배웅하며 행복한 새처럼 노래를 불렀다. 그레이스의 말은 하나씩 현실이 되어 갔고, 얼마 지나지 않아 리치의 새로운 생활이 시작되었다. 리치의 어머니도 좀 더 나은 집으로 이사했고, 보수가 더 많은 일을 하게 되었다.

미나는 자주 놀러 와서 리치에게 용기를 북돋워 주었고, 그레이스는 노래를 가르쳐 주었다. 덕분에 리치는 자신보다 더 불행한 아이들을 돕는 일에 힘을 보탤 수 있는 노래 실력을 갖추게 되었다. 이렇게 몇 달이 지나자 리치는 건강한 모습으로 부쩍 성장했다. 겨울이 가고 봄이 오자 리치는 더 자유롭고 즐거워졌다. 입학일이 가까워지자 리치는 그 학교에 들어가는 행복한 순간을 생각하며 잠도 못 자고 잘 먹지도 못할 정도였다.

4.

그레이스의 제안으로 리치가 입학한 날은 학교 축제의 날로 정해져서 '데이지의 날'이라고 이름이 붙었다. 리치는 이 깜짝 파티에 대해 전혀 모르고 있었는데, 친구들은 기뻐서 어쩔 줄 모르는 리치를 이끌고 천국의 문을 향해 들어가는 것처럼 한 걸음씩 걸어갔다. 이 작은 왕국을 운영하는 콘스탄틴 씨는 아버지 같은 마음으로 세상 모든 아픈 아이들을 생각하는 따뜻한 사람이었다. 그의 마음은 입학식을 가득 채운 사람들로 인해 기쁨으로 넘쳤다. 모든 사람이 리치를 반겼고, 리치도 낯선 곳이 집처럼 편안해졌다.

미나는 리치를 친구들에게 소개했다. 친구들은 이곳의 생활에 대해 신나게 얘기해 줬다. 리치는 그날 아무것도 하지 않고, 오후에는 친구들과 함께 데이지꽃이 만발한 들판으로 나가서 여기저기를 돌아다녔다. 잠시 후, 종달새가 지저귀는 것 같은 아름다운 노랫소리가 들려왔다. 아이들은 리치 주위를 둘러싸고 콧노래로 따라 불렀다. 이것이 리치의 첫 번째 음악회였다.

리치처럼 엄청난 환호와 박수, 꽃 세례를 받은 프리마 돈나는 없을 것이다. 아이들은 리치에게 꽃 왕관을 씌우고, 키다리 꽃을 손에 쥐어 주고는 마치 봄의 여왕이라도 되는 것처럼 리치 주위를 돌면서 춤을 췄다. 리치는 뛰기도 하고, 아이들과 함께 뒹굴기도 하고, 소리도 맘껏 지르면서 신나게 놀았다. 리치는 데이지의 날을 평생 잊지 못할 것 같았다. 초라한 애벌레에서 나비처럼 화려하게 새로 태어나 세상에서 당당한 역할을 갖고 살아갈 수 있게 되었기 때문이다. 리치는 이렇듯 자유롭고 행복으로 충만한 새로운 생활을 만끽했다.

리치는 친구들과 함께 유치원 건립 기금 마련을 위한 가을 음악회를 준비했다. 리치는 자신도 드디어 한몫을 할 수 있다는 생각에 수줍음 대신 용기가 생기면서 즐겁게 행사에 참여했다. 모두가 바자회와 음악회 준비로 분주했다. 모든 사람에게 자비심을 구해야 하지만 사람들은 각자 자기 일로 너무 바빠서 눈앞에서 확실하게 보여 주지 않으면 자신의 도움이 필요하다는 사실을 쉽게 잊어버린다. 그래서 더 많은 자금을 지원받기 위해 다양한 방법을 시도하고 있었다. 콘스탄틴 씨는 리치가 사탕 사 먹는 데 쓸 아이들의 돈을 자선기금으로 쓰게 할 수 있다면서 사람들에게 의미 있는 노래 선물을 할 수 있도록 잘 준비해 보자면서 격려했다.

음악회 당일, 어린 프리마 돈나는 기대 이상으로 자신의 역할을 잘 수행했다. 참석한 모든 사람의 기대를 한 몸에 받고 등장한 리치는 무대에 서자 조금 긴장했지만 이내 용기를 내서 마음을 진정시켰다. 그리고 바이올린과 플루트 연주에 맞춰서 아름다운 목소리로 노래를 시작했다. 리치는 마지막 소절에서 감정이 북받치는 듯 자기도 모르게 눈물까지 흘렸다. 사람들도 손수건으로 눈물을 훔치며 함께 울었고, 노래가 끝나자 큰 박수와 환호성을 보내면서 꽃 세례를 퍼부었다.

음악회가 끝나자 많은 사람들이 몰려와서 리치의 무대에 감사와 칭찬의 말을 아끼지 않았고, 리치의 손에 무언가를 쥐어 주기도 했다. 한참이 지난 후 행사에 참가한 사람들이 모두 떠났을 때, 리치는 뿌듯한 마음으로 콘스탄틴 씨에게 지폐 다발을 건넸다. 그리고 그레이스의 목을 끌어안고는 떨리는 목소리로 말했다.

"난 이제 다른 사람의 짐이 아니에요. 나도 이제 누군가를 도울 수 있다고요! 이런 행복을 주신 두 분께 너무 감사해서 뭐라고 말을 해야 할지 모르겠어요."

그들이 어떤 대답을 했고, 그 후로 리치가 어떻게 계속 남들을 도울 수 있었는지는 충분히 상상이 갈 것이다. 리치처럼 창백했던 어린 꽃들이 학교를 가득 채우고, 싱싱한 꽃으로 활짝 피기 시작한 뒤에도 '눈 먼 종달새'는 노래를 통해 자선기금을 모으면서 모든 사람에게 그 고귀한 자선 행사를 잊지 못할 추억으로 만들어 주었다.

토론해 봅시다

주제 1. 앞을 못 보는 리치는 어떻게 다른 사람의 짐이었다가 누군가를 도와주는 사람이 되었을까요?

주제 2. 장애인을 위한 자선행사에서만 자선을 베푸는 것은 옳은가요?

무엇을 배웠는가

요한 루돌프 비스(Johann Rudolf Wyss)
1782~1830, 스위스 작가

작품 소개

이 작품은 배움의 의미에 대해 생각해 보게 한다. 배움(工夫, learning)의 사전적 정의는 '학문이나 기술 등을 배우고 익히는 것'이다. 작가는 백작의 바보 아들이 겪는 배움의 과정을 통해 '참다운 배움'이란 무엇인지에 대해 이야기하고 있다. 우리는 흔히 인지적인 공부만 배우는 것으로 여기는 경향이 있다. 하지만 인지적인 내용의 공부 못지않게 '사람을 통해' 배우거나 '세상을 통해' 배우는 것도 중요하다. 실제 우리가 살아가는 데는 얼핏 쓸모없어 보이는 작은 지식들이 실제 상황에서는 오히려 유용한 지식이 되기도 하는 경우가 정말 많다. 우리가 학교에서 다양한 교과목을 배우는 이유는 무엇일까? 그렇게 배운 것들이 살아가면서 어떻게 도움이 되는 것일까? 쓸모없어 보였던 지식이나 경험이 아주 유용하게 사용된 적이 있는가? 배움에 대해서 우리는 어떤 자세를 가져야 할까? 등 다양한 생각을 해 볼 수 있다. 이 작품을 통해 배움에 대한 열린 시각을 갖고, 한 발 더 나아가 다양한 직업 세계와 각각의 직업의 가치에 대해서까지도 생각해 볼 수 있을 것이다.

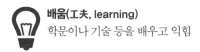

배움(工夫, learning)
학문이나 기술 등을 배우고 익힘

작품 읽기

1.

옛날에 무엇 하나 제대로 알아듣지 못하는 바보 아들을 둔 백작이
살고 있었다. 그는 우둔한 아들을 가르치려고 갖은 노력을 기울이다가
아들이 자라 청년이 되자 멀리 떠나보내기로 마음먹었다. 백작은 아들
을 불러서 조용히 말했다.

"나는 널 가르치려고 최선을 다했지만 더 이상 너를 가르칠 수가 없
다. 그러니 지금부터는 내가 소개하는 선생님에게 배우도록 해라."

"예, 알겠습니다. 아버지."

"모든 걸 준비해 뒀으니 오늘 당장 떠나도록 해라."

"예, 아버지. 잘 다녀오겠습니다."

청년은 어릴 때부터 살아온 집을 떠나 다른 도시로 가서 유명하다고 소문난 어떤 선생님의 가르침을 받았다. 청년은 일취월장을 기대하는 아버지의 계획대로 일 년 동안 그 선생님과 공부를 했다. 마침내 공부를 마치고 아들이 돌아오자 백작은 짐을 풀기도 전에 몰아세우듯이 물었다.

"그래, 어서 오너라. 어디, 일 년 동안 뭘 배웠는지 말해 보거라."

그러자 청년은 자신 있는 목소리로 대답했다.

"네, 아버지. 저는 개소리를 알아들을 수 있습니다."

"뭐? 개소리라고?"

"개가 짖는 소리를 알아듣는 방법을 배웠다는 말입니다."

백작은 아들이 아무 변화도 없이 돌아왔다고 생각하고는 화가 나서 소리를 질렀다.

"이런 제기랄, 개소리를 알아듣다니! 아니, 일 년 동안 배웠다는 게 고작 그거냐? 그게 정말 유명하다는 선생님이 가르쳐 준 것이냐? 아이고 맙소사."

그러면서 백작은 아들의 등을 떠밀면서 말했다.

"안 되겠다. 짐을 풀지 말고 다시 떠나거라. 이번에는 다른 선생님한테 가르침을 받고 오너라. 언젠간 너도 똑똑한 소리를 하게 될 날이 오겠지."

2.

청년은 집으로 돌아오자마자 다시 또 다른 도시로 떠났다. 거기서 다른 유명한 선생님 밑에서 일 년을 공부한 뒤 집으로 돌아왔다. 백작은 아들을 집에 들일 생각도 하지 않고 문 앞에서 물었다.

"그래, 왔구나. 일 년 동안 뭘 배웠는지 내게 얘기해 봐라."

아들은 역시 지난번처럼 자신 있게 대답했다.

"네, 아버지. 저는 새소리 듣는 법을 배웠습니다."

백작은 더욱 화가 나서 빨갛게 달아오른 얼굴로 아들에게 고함을 쳤다.

"지난번엔 개소리더니, 이번엔 새소리냐? 이런 멍청한 녀석을 봤나. 두 번이나 유명한 선생님 밑에서 공부하게 해 줬더니 뭐 하나 제대로 배우지 못하고 헛소리나 하고 있구나. 너 같은 놈은 집에 들어올 자격이 없으니, 당장 다른 도시로 떠나거라. 한 번 더 선생님을 소개해 줄 테니 이번에는 정말 제대로 배워야 한다. 만약 또 말도 안 되는 소리를 하면 너를 더 이상 내 아들로 생각하지 않겠다."

청년은 또 다시 다른 도시로 가서 유명한 선생님 밑에서 일 년 동안 공부를 하고 돌아왔다. 이번에도 지난번과 마찬가지로 백작은 아들이 나타나자마자 다그치며 물었다.

"어디 말해 보거라. 그래, 무엇을 배웠느냐?"

아들이 쭈뼛거리며 말했다.

"네, 아버지. 저는 개구리 소리를 들을 수 있습니다. 개구리들의 말을 알아듣는 방법을 배웠다는 말입니다."

혹시나 하는 마음으로 아들의 말을 듣던 아버지는 '개구리'라는 말이 나오자마자 한숨을 쉬었다. 그리고 싸늘한 얼굴로 아들을 노려보다가 큰 소리로 하인들을 불렀다.

"잘들 들어라. 여기 있는 이 바보는 이제 내 아들이 아니니 이 녀석을 숲으로 끌고 가 죽이도록 해라. 알겠느냐?"

주인의 명령을 들은 하인들은 깜짝 놀라 서로의 얼굴만 쳐다보며 머뭇거렸다. 백작은 다시 한 번 큰 소리로 같은 말을 반복했고, 하인들은 어쩔 수 없이 살려 달라고 울부짖는 청년을 숲으로 끌고 갔다. 하지만 도저히 죽일 수는 없어서 다시는 마을에 나타나지 않겠다는 다짐을 받고는 그냥 풀어 줬다. 그러고는 청년을 죽였다는 걸 증명하려고 사슴 한 마리를 잡아서 눈을 뽑고 혀를 잘라서 갖고 갔다.

3.

하인들의 도움으로 죽을 고비를 넘긴 청년은 자기가 살던 도시를 떠나 정처 없이 이곳저곳을 떠돌아 다녔다. 어느 날 오래된 성에 들러서 하룻밤 잠자리를 부탁하게 되었다. 그러자 성주는 무슨 속셈이 있는 듯이 허름한 몰골의 청년을 살펴보면서 말했다.

"보아 하니 잘 곳이 없나 보군. 그럼 내가 하룻밤 재워 줄 수는 있네. 하지만 자네는 저기 보이는 낡은 탑에서만 자야 한다네. 다른 곳에서는 자넬 재울 수가 없네. 알겠나?"

청년이 알겠다며 고맙다고 하자 성주가 말을 이었다.

"고마운 일인지 아닌지는 나중에 판단할 일이지. 자네가 그리 고마워하니 한 가지만 알려주겠네. 자네는 저 탑에서 죽을 수도 있네."

"네? 그게 무슨 말씀인가요?"

"저곳에는 사나운 들개가 많이 있는데, 굶주린 녀석들을 달래기 위해서 못된 짓을 하거나 죄를 지은 사람을 한 명씩 넣어 줘야 한다네. 무슨 말인지 알겠나?"

성주는 이렇게 말하면 청년이 바로 도망칠 거라 생각했지만 청년은 두려워하는 기색이 하나도 없이 대답했다.

"이곳에 그런 근심이 있는 줄 몰랐군요. 저는 괜찮으니 거기서 하룻밤 자게 해 주세요. 다만 개들에게 줄 먹이만 조금 마련해 주세요."

성주는 이상하게 생각하면서도 청년에게 무슨 꿍꿍이가 있을 거라 여기고 개 먹이를 준비해서 탑 속으로 들어가게 해 주었다.

다음 날 아침에 성주와 주민들은 탑 속으로 들어갔던 청년이 멀쩡하게 살아 나오자 눈을 의심하며 놀라워했다. 사람들은 청년에게 아침을 차려 주면서 탑 속에서 무슨 일이 있었는지 물어봤다.

"저는 개들의 말을 알아들을 수 있습니다."

청년의 말에 성주는 말도 안 되는 소리라고 생각하면서도 계속 얘기를 해 보라고 재촉했다.

"개들이 저기에 있는 이유는 탑 속에 보물이 숨겨져 있기 때문입니다."

"뭐라고? 보물이 있다고?"

"네, 그렇습니다. 개들이 그렇게 말했습니다. 저 개들은 보물을 지키기 위해 마술에 걸려 있는 것이지요. 그래서 보물이 저기에 있는 한은 계속 머무를 수밖에 없습니다. 저는 보물이 어떻게 숨겨져 있는지도 개들을 통해 들었습니다."

청년의 말을 들은 사람들은 모두 흥분을 감추지 못하고 웅성거렸다. 도저히 믿기지 않는 말이지만 성주는 어차피 일이 이렇게 되었으니 한 번 끝까지 가 보자고 생각했다. 성주는 청년에게 만약 보물을 찾아온다면 자기의 아들로 삼겠다고 제안했다. 그 말을 들은 청년은 보물을 찾기 위한 도구와 개들의 먹이를 갖고 탑 속으로 다시 들어갔고, 사람들은 청년이 나오기만을 목이 빠져라 기다렸다. 몇 시간이 지난후, 사람들은 보물을 갖고 나오는 청년을 보게 되었고, 그 순간 들개들이 흔적도 없이 사라져 버렸다. 성주와 주민들은 기쁨에 들떠서 청년을 칭찬하기 바빴다. 탑 속의 들개 때문에 항상 근심에 휩싸였던 성은 활기를 되찾았고, 성주의 아들이 된 청년은 아름다운 여자와 결혼해서 행복하게 살게 되었다.

4.

얼마 뒤, 청년의 이상한 능력이 아내와 함께 마차로 로마여행을 하게 되었을 때 다시 발휘되었다. 마차를 타고 가던 청년은 어떤 늪에서 개구리들이 시끄럽게 울어대는 소리를 듣고는 갑자기 무거운 표정을 지으며 말이 없어졌다. 개구리들은 청년이 새로운 교황이 될 거라고 말했던 것이다. 청년은 아내에게는 아무 말도 하지 않고 서둘러서 로마에 도착했다. 마침 로마는 교황이 선종한 때라서 어떤 추기경을 새로운 교황으로 뽑을 것인지를 두고 의견이 분분했다. 그러다가 하느님의 기적이 나타나는 사람을 새 교황으로 뽑기로 정했다.

그런데 바로 그때 교황청으로 들어선 청년의 양쪽 어깨 위에 어디선가 날아든 하얀 비둘기 두 마리가 내려앉았다. 추기경들은 그걸 보고 하느님의 기적이 나타난 것이라고 생각해서 청년에게 교황이 되어 달라고 부탁했다. 청년은 개구리들의 말을 듣긴 했지만 정말로 일이 이렇게 되니 너무 당황스러웠다. 하지만 비둘기 두 마리가 그러라고 권유하자 제안을 받아들였다. 청년은 미사를 어떻게 진행하는지도 몰랐지만 비둘기 두 마리가 그의 어깨 위에 앉아서 항상 그에게 친절하게 가르쳐 주었다고 한다.

주제 1. 청년은 어떻게 고황이 되었나요?

주제 2. 일반적이지 않다는 이유로 남이 배우는 것을 하찮다
고 여기는 것이 옳은가요?

20년 후

———

오 헨리(O. Henry / William Sydney Porter)
1862~1910, 미국 작가

작품 소개

이 작품은 올바른 '판단'이란 어떤 것인지에 대해 생각해 보게 한다. 판단(判斷, judgment)의 사전적 정의는 '일정한 논리나 기준에 따라 사물의 가치와 관계를 결정하는 것'이다. 작가는 20년 전에 헤어진 두 친구의 해후를 그리고 있다. 두 친구 중 한 사람은 형사로, 한 사람은 지명 수배범이 되어 만난다. 20년 만에 만난 친구들이 이런저런 얘기를 나누는 장면을 이어 가다가 작가는 마지막에 생각지도 못했던 반전을 보여 준다. 20년 만에 만난 친구가 어릴 적 모습과 완전히 다른 모습으로 변했다면 어떨까? 그 친구를 예전처럼 똑같이 대할 수 있을까? 만약 오랜만에 만난 친구가 어려운 상황에 빠져 있다면 어떻게 해야 할까? 나는 경찰관이고 친구는 범인이라면 어떻게 해야 할까? 내가 범죄를 저질렀고, 친구가 경찰관이라면 또 어떻게 해야 할까? 우리는 이 작품을 통해 법질서와 우정 사이, 혹은 서로 상충되는 어떤 가치와 다른 가치 사이에서 무엇을 우선시할 것인지에 대해 생각해 볼 수 있다. 그리고 올바른 판단이 무엇인지와 똑같이 중요한 가치가 대립하는 상황의 딜레마를 해결해 볼 수도 있을 것이다.

판단(判斷 , judgment)
일정한 논리나 기준에 따라 사물의 가치와 관계를 결정함

작품 읽기

1.

한 경찰관이 느린 걸음으로 길을 걷고 있었다. 어떻게 보면 조금 거들먹거리는 것 같기도 했지만 특별한 이유가 있거나 남을 의식하는 게 아니라 그저 습관일 뿐이었다. 밤 10시라 아직 그렇게 늦은 시간은 아니었지만 바람이 세게 불어서 그런지 거리는 인적이 드물고 한산했다. 키가 크고 체격이 좋은 경찰관은 익숙한 솜씨로 봉을 돌리면서 골목길 구석구석을 살폈다. 이곳에는 일찍 자고 일찍 일어나는 사람들이 대부분이었다. 그래서 24시간 운영하는 식당이나 편의점 불빛이 가끔 보이기도 했지만 거의 모든 회사나 가게의 문은 닫혀 있었다.

여기저기 살피던 경찰관은 뭔가를 발견한 듯 갑자기 걷는 속도를 늦추고 조심스레 다가갔다. 불이 꺼진 철물점 앞에 한 사나이가 서 있

었다. 그는 불을 붙이지 않은 담배를 입에 물고 벽에 기대어 있었다. 사나이는 경찰관이 다가오자 안심시키려는 듯이 서두르며 말했다.

"수고 많으십니다. 전 지금 친구를 기다리고 있어요. 20년 전에 한 약속이긴 하지만…어떻게 생각하실지 모르겠지만 사실이 그렇답니다. 제 말이 의심스럽다면…아, 참 20년 전에 이곳은 음식점이었지요. 우리가 '빅 조우'라고 불렀던 브레디가 운영하는 음식점이죠."

그 말을 듣고 경찰관은 여기 사정을 잘 안다는 듯 여유를 부리며 말했다.

"그 음식점은 5년 전만 해도 여기 있었는데, 최근에 헐렸습니다."

2.

사나이는 담배에 불을 붙이려고 라이터를 켰다. 그 순간 사나이의 날카로운 눈매와 각진 턱이 불빛에 드러났다. 표정은 창백했고, 오른쪽 눈썹 옆에는 작은 흉터가 있었다. 그의 넥타이핀에는 이상한 모양의 큰 다이아몬드가 박혀 있었다. 사나이가 입을 열었다.

"지금으로부터 20년 전 바로 오늘, 나는 브레디의 음식점에서 가장 친했던 친구인 지미 웰즈와 저녁을 먹었습니다. 지미와 나는 뉴욕에서 함께 자라서 형제나 다름없었죠. 그때 나는 열여덟 살이었고, 지미는 나보다 두 살 많은 스무 살이었어요. 나는 큰돈을 벌기 위해 서부로 떠날 예정이었지만 지미는 뉴욕보다 더 멋진 곳은 없다면서 여길 떠날 생각이 없다고 했죠. 그래서 우리는 그날 밤에 20년 뒤 이 자리에서 꼭 다시 만나자는 약속을 했어요. 서로 어떤 상황이든, 어떻게 변해 있든, 아무리 멀리 떨어져 있더라도 반드시 만나자는 굳은 약속이었죠. 20년 뒤면 서로 부자가 되거나 높은 지위에 있을 거라는 생각이었어요. 우리가 각자 다른 길을 가더라도 말이죠."

"재미있군요. 하지만 20년 후의 약속이라 시간이 너무 긴 것 아닐까요? 그래, 그렇게 헤어진 후에 한 번도 연락을 못했나요?"

"아니요. 편지를 주고받으면서 한동안 연락을 했죠. 하지만 한두 해가 지나면서 자연스럽게 소식이 끊기더군요. 잘 아시다시피 서부는 매우 복잡한 곳이고, 일거리도 너무 많았고, 부지런히 돈도 벌어야 해서 그리된 겁니다. 어찌되었건 지미는 죽지 않았다면 꼭 올 겁니다. 지미는 약속을 잊을 사람이 아니죠. 저도 아주 긴 여행이었지만 친구를 만나려고 천 마일을 달려왔습니다. 그 친구를 만날 수만 있다면 천 마일이 그리 멀진 않죠."

이야기를 하면서 사나이는 뚜껑에 다이아몬드가 박혀 있는 고급 시계를 꺼내서 시간을 봤다.

"10시 3분 전이군요. 우리가 여기에서 작별 인사를 나눈 게 바로 10시 정각이었지요."

"그래, 한 밑천 크게 잡았나요?"

경찰관이 묻자 사나이가 대답했다.

"물론이죠. 아마 지미도 성공했을 겁니다. 그 친구는 너무 착한 게 탈이지만…서부에서는 자기 돈을 지키기 위해서 악착같이 싸우며 살아야 하지요. 뉴욕이야 그저 그런 대로 비슷하게 매일 살아가지만 서부에서 살아남으려면 한시도 마음을 놓지 못할 만큼 정신을 바짝 차려야 합니다."

경찰관은 봉을 돌리면서 걸음을 옮기며 말했다.

"이제 그만 가 봐야겠군요. 그 친구를 꼭 만나길 바라요. 근데 약속 시간에서 얼마나 더 기다릴 거죠?"

"글쎄요. 한 30분 정도는 더 기다릴 생각입니다. 살아만 있다면 반드시 올 거라 믿습니다. 조심히 가세요, 경관님."

"그럼, 전 이만."

경찰관은 남은 순찰 구역을 살피면서 걸어갔다. 계속 바람이 불더니 차가운 이슬비까지 내리기 시작했다. 한산한 거리를 오가는 사람들은 옷깃을 여미면서 발걸음을 재촉했다. 20년 전 오늘, 친구와의 약속을 지키기 위해 먼 길을 달려온 사나이는 철물점 앞에서 옛 친구를 기다리고 있었다.

3.

20분 정도 지났을 무렵 길 저쪽에서 키가 큰 남자 한 명이 외투를 휘날리며 나타났다. 그 남자는 급히 사나이 쪽으로 오더니 조금 어색한 말투로 이렇게 물었다.

"보브?"

사나이는 갑자기 큰 소리로 말했다.

"지미 웰즈? 야, 이거 정말 오랜만이야!"

남자는 사나이의 두 손을 덥석 잡으며 말했다.

"보브 맞지? 틀림없는 보브야. 살아 있으면 꼭 다시 만날 줄 알았다니까. 20년이라니, 정말 긴 세월이군. 옛날 그 식당은 없어졌어. 있었더라면 같이 저녁도 먹고 좋을 텐데. 그런데 서부는 어땠어?"

사나이가 말했다.

"서부는 정말 대단하지. 원하는 건 뭐든 얻을 수 있고 말이야. 그런데 자네도 많이 변했군. 내가 생각한 것보다 키도 더 크고…."

"스무 살이 훨씬 넘어서까지 키가 자라지 뭐야."

사나이가 말을 이으면서 물었다.

"그래, 그 동안 뉴욕에서 어떻게 지냈어?"

"난 잘 지냈지. 지금은 시청에서 일하고 있고. 자, 친구. 우리 자리를 옮겨서 천천히 옛날 얘기나 나누자고."

두 사람은 함께 길을 걸었다. 사나이는 남자에게 자신이 어떻게 성공하고 출세했는지를 자랑스럽게 떠벌렸다.

남자는 그저 흥미롭다는 듯 듣고만 있었다. 길모퉁이의 불이 환하게 켜져 있는 약국을 지나갈 때 두 사람은 동시에 상대방의 얼굴을 바라보았다.

4.

사나이는 갑자기 야수 같은 표정으로 외쳤다.

"넌 지미가 아니야. 아무리 20년이란 세월이 흘렀다지만 어떻게 매부리코가 그렇게 납작해질 수가 있지?"

"그래, 하지만 20년 동안에 악당이 될 수는 있지 않겠어?"

키 큰 남자가 날카로운 목소리로 대답했다. 그리고 말을 이었다.

"자넨 지금 경찰서로 끌려가고 있다네. 사실 시카고에서 자네가 이쪽에 나타났다는 전보를 받았지. 순순히 나랑 함께 가는 게 좋을 거야. 그리고 자네에게 전해 달라는 편지도 있다네. 경찰서로 가기 전에 읽어 봐. 오늘은 외근 중인 지미 경찰관이 부탁한 편지야."

사나이는 편지를 받아들고 다 읽기도 전에 손을 부들부들 떨었다. 편지 내용은 몇 줄 안 되었다.

보브! 나는 우리가 약속한 날, 그 시간에 거기에 갔었네. 난 담뱃불을 붙이려고 켠 라이터 불빛에 비친 자네 얼굴을 보고는 시카고 지명 수배범이란 사실을 알았지. 하지만 내가 직접 자네를 체포하기는 힘들었어. 그래서 다른 형사에게 부탁한 것이라네. - 지미가

토론해 봅시다

주제 1. 지미는 왜 다른 형사에게 보브를 체포하라고 했을까요?

_____

_____

_____

_____

_____

_____

주제 2. 우정 때문에 직접 범인을 체포하지 않는 것은 옳은가요?

_____

_____

_____

_____

_____

피에로

—

기 드 모파상(Guy de Maupassant)
1850~1893, 프랑스 작가

작품 소개

이 작품은 '반려 동물'에 대해 생각하게 해 준다. 반려(伴侶, companion)의 사전적 정의는 '생각이나 행동을 함께하는 짝이나 동무'다. 최근에 반려 동물을 키우다가 이런저런 이유로 길에 버리는 비정한 주인들의 이야기가 심심치 않게 매스컴에 보도되곤 한다. 반려 동물은 이런 짝이나 동무, 즉 친구와 같은 존재로 함께 사는 개나 고양이 등을 일컫는다. 평소에는 정말 예뻐하고 함께하다가 자신의 형편이 좋지 않거나 반려 동물이 병들거나 하면 '피에로'의 주인인 르페브르 부인처럼 큰 죄책감 없이 버리는 것이다. 이렇게 버려진 반려 동물이 우리나라에 한 해 평균 8만여 마리에 이른다고 하니 정말 끔찍한 일이 아닐 수 없다. 작가는 생명을 경시하는 인간들의 이런 잔인한 행위를 다소 소름 돋을 만한, 버린 개들을 보내는 '초가집'이라는 석회 갱도를 설정하여 날카롭게 비판하고 있다. 우리가 반려 동물을 키우는 이유는 무엇일까? 왜 사람들은 반려 동물을 버리는 것일까? 반려 동물을 어떤 마음가짐과 자세로 대해야 할까? 등 다양한 생각을 해 볼 수 있다. 이 작품을 통해 생명의 소중함과 인간의 이기심에 대해 반성하게 될 것이다.

반려(伴侶, companion)
생각이나 행동을 함께하는 짝이나 동무

작품 읽기

1.

　미망인인 르페브르 부인은 이상한 리본이 달린 모자를 쓰는 시골 아줌마다. 촌스러운 사투리를 쓰는 부인은 남 앞에서는 잘난 척을 하곤 했다. 그녀는 얼굴에 하얀 가루를 쳐 바른 듯 우스운 화장을 했고, 속은 짐승 같은 사람이었다. 그녀에게는 마음씨 착한 로즈라는 하녀가 있었다.

　두 여자는 노르망디 코오 지방의 작은 집에서 살고 있었다. 두 사람은 집 앞의 아담한 정원에 채소를 조금 심었다. 그런데 어느 날, 도둑이 정원의 양파 몇 개를 훔쳐 가는 일이 생겼다. 로즈는 부인에게 뛰어가 양파를 도둑맞았다고 말했다. 부인은 급하게 뛰쳐나와 울고불고 난리를 쳤다. 두 여자는 도둑의 발자국을 살펴보면서 이리저리 머리를 굴리며 추측했다. 부인이 호들갑을 떨며 말했다.

"어머, 여기서 이렇게 넘어온 것 같아. 이것 좀 봐! 벽에 발을 대고 이리로 뛰어내린 거야!"

두 여자는 도둑이 어떤 짓을 했는지 생각하자 더 무서워져서 이젠 더 이상 편하게 잠들기는 틀린 것 같았다.

온 마을에 도둑맞았다는 소문이 퍼졌다. 금방 사람들이 모여들더니 사건 현장을 직접 본 후에 이런저런 해결책을 내놓았다. 얘기를 나누는 중에 이웃에 사는 한 농부가 개를 키우면 좋겠다고 말했다. 두 여자는 좋은 생각이라면서 개가 자신들을 지켜 줄 거라고 기뻐했다. 두 여자는 한참을 수다스럽게 떠들더니 커다란 개는 물릴 수도 있고, 먹는 것도 감당이 안 되니 작은 개가 좋겠다고 의견을 모았다.

사람들이 돌아가자 부인은 개 문제를 좀 더 심각하게 고민했다. 생각할수록 이것저것 곤란한 문제투성이였다. 특히 개가 먹는 밥이 가장 큰 문제였다. 눈앞에 산더미처럼 쌓일 개 밥그릇을 생각하니 소름이 돋을 지경이었다. 부인이 개밥을 걱정한 것은 인색함 때문이었다. 그녀는 적은 돈으로 인심을 쓰고는 생색은 크게 냈다. 로즈는 동물을 좋아하는 편이어서 꾀를 내어 가능한 한 개를 키우는 쪽으로 대화를 이끌었다. 결국 두 여자는 작은 개 한 마리를 키우기로 했다.

그들은 개를 알아보기 위해 사방으로 수소문했지만 소개를 받은 놈들은 죄다 덩치가 컸다. 부인은 그 녀석들이 수프를 단숨에 몇 그릇씩

먹어치우는 생각만으로도 등골이 오싹해졌다. 어떤 사람이 작은 개를 한 마리 키운다고 해서 만나봤지만 그는 지금까지 잘 키웠으니 5프랑을 달라고 했다. 르페브르 부인은 개를 키울 생각은 있지만 사고 싶지는 않다고 딱 잘라 말했다.

며칠 후 사정을 잘 아는 빵집 주인이 신기하게 생긴 동물 한 마리를 데려 왔다. 다리는 땅바닥에 닿을 듯 짧았고, 머리는 여우, 허리는 악어, 꼬리는 부채를 닮은 누런빛의 작은 짐승이었다. 빵집의 단골 고객이 처분하려는 개라서 돈은 주지 않아도 되었다. 르페브르 부인은 돈이 들지 않는다는 이유만으로도 이 개가 무척이나 훌륭해 보였다. 로즈가 그 개를 품에 안고는 이름을 물었더니 빵집 주인은 '피에로'라고 말해 줬다.

2.

두 여자는 개를 데려와서 빈 상자를 마련해 개집을 만들었다. 그리고 빵과 물을 줬더니 피에로가 잘 받아먹었다. 르페브르 부인은 조금 걱정이 되었지만 생각을 바꾸기로 했다.

"우리 집에 적응이 되면 풀어놓고 키우면 되지 뭐. 그럼 지가 알아서 여기저기 먹을 걸 구하러 다니겠지?"

그녀는 말한 대로 했지만 개는 늘 배가 고팠다. 개는 먹이를 달라고 할 때 말고는 거의 짖지 않았지만 먹이를 달라고 할 때는 사냥감을 발견한 것처럼 맹렬하게 짖었다. 르페브르 부인은 조금씩 개에게 익숙해졌고, 조금이나마 애정도 느끼게 되었다. 어떨 때는 빵 조각을 스튜에 직접 적셔 주는 일도 있었다. 하지만 꿈에도 생각하지 못한 게 바로 세금이었다. 개 소유주에게 보내온 고지서에 8프랑을 내라고 적힌 것을 보자 그녀는 기절할 것 같았다.

"뭐? 8프랑이라고! 제대로 짖지도 못하는 개 때문에 나더러 8프랑이나 내라고?"

당장에 그녀는 피에로를 처분하기로 마음먹었다. 개를 맡아 줄 사람을 찾아봤지만 이웃 사람들 모두가 거절했다. 그녀는 다른 방법이 없다는 생각에 개를 '초가집'이라 불리는 곳에 보내기로 했다. 초가집은 이 근방에서 버리는 개들을 보내는 곳이었다. 저 멀리 들판 한가운데 움막처럼 생긴 초가집이 보였다.

이곳은 지하 20미터까지 뚫려 있는 석회 갱도의 입구인데, 아래쪽은 긴 갱도들이 여러 갈래로 연결되어 있었다. 이곳으로 사람들이 내려가는 일은 1년에 단 한 번, 거름으로 쓸 석회를 파낼 때뿐이었다. 평소에는 버림받은 개들의 무덤으로 쓰였는데, 근처를 지나갈 때면 불쌍한 개들이 울부짖는 소리가 들리곤 했다. 너무나 애절하고 슬픈 비명 소리에 사냥개나 양치는 개들도 도망치곤 했다.

갱도 안은 더욱 처참하고 끔찍한 모습이었다. 개 한 마리가 아래로 떨어지면 기존에 있던 개들과 먹잇감을 놓고 죽기 살기로 치열하게 물고 뜯으면서 싸워야 한다. 좀 더 강한 놈이 약한 놈을 이기고 살아남게 되는 비정한 세계가 펼쳐지는 것이다.

그들은 어쩔 수 없이 피에로를 초가집으로 보내기로 했지만 데려다
줄 사람에게 줘야 하는 돈이 또 문제였다. 한 공사 인부는 심부름 값으
로 10수를 요청했다. 부인에게는 터무니없이 비싼 가격이었다. 옆집
미장이 조수는 5수만 달라고 했지만 역시나 비쌌다. 결국 두 사람은
피에로를 위한다며 직접 데려가기로 했다.

3.

그날 저녁에 그들은 피에로에게 버터까지 넣은 수프를 잔뜩 먹었
다. 피에로는 하나도 남기지 않고 그릇을 깨끗하게 비웠다. 기분이 좋
은지 꼬리를 흔들어대는 피에로를 바라보던 로즈는 개를 앞치마에 싸
서 안았다. 두 사람은 들판을 빠른 속도로 가로질러 초가집에 도착했
다. 르페브르 부인은 허리를 숙여서 아래쪽에 귀를 기울였다. 그런데
예상외로 너무 조용했다. 그 아래에는 아무것도 없어서 피에로가 내려
가면 혼자 있게 되었다. 로즈는 피에로를 안고 눈물을 흘리면서 몇 번
이나 볼을 비볐다. 그러고는 갑자기 구멍 속으로 피에로를 던졌다.
두 사람은 가까이 다가가 안을 들여다봤다. 순간 뭔가 부딪히는 소
리가 들리더니 찢어지는 듯한 비명소리가 들렸다. 그리고 비통하면서
도 절망이 섞인 듯한 울음소리가 이어졌다. 피에로가 입구를 향해서
살려 달라고 애원하는 것 같았다. 두 여자는 피에로가 애처롭게 울부

짖자 후회가 밀려와서 미쳐 버릴 것 같았다. 그리고 등골이 오싹해지면서 뭐라고 설명할 수 없는 공포가 찾아오는 걸 느꼈다. 너무나 무서운 나머지 벌벌 떨면서 제대로 서 있기가 힘들었던 두 사람은 걸음마 날 살려라 하면서 뒤도 안 돌아보고 도망쳤다. 로즈가 앞서가자 르페브르 부인은 공포에 질려서 제발 같이 가자고 외쳤다.

그날 밤 르페브르 부인은 끔찍한 악몽을 꾸었다. 부인이 식탁에 앉아서 수프를 먹으려고 뚜껑을 열었더니 수프 그릇 안에 피에로가 앉아 있었다. 그리고 갑자기 으르렁 거리더니 부인에게 달려들어 코를 물어뜯었다. 그녀는 비명을 지르며 잠에서 깼다. 아직도 절망의 울부짖음이 귓가에 들리는 것 같았다. 다시 눈을 붙였지만 여전히 악몽이 이어졌다. 이번에는 끝이 보이지 않는 길을 걷다가 광주리 하나를 발견했다. 무서운 마음이 들었지만 왠지 그 광주리를 열어 보고 싶었다. 그래서 광주리를 열었더니 그 안에 피에로가 웅크리고 있었다. 그리고 갑자기 피에로가 뛰어들면서 손을 물었다. 놀라서 정신없이 뛰었지만 피에로는 끝까지 팔에 매달려서 물고 늘어졌다.

어느덧 아침 해가 떠오르고 있었고, 부인은 더 이상 잠을 이룰 수가 없어서 자리를 박차고 일어나 미친 듯이 초가집으로 달려갔다. 피에로가 부인을 반기면서 짖어댔다. 밤새도록 짖었을 피에로를 생각하면서 부인은 울기 시작했다. 그리고 다정스럽게 피에로를 부르자 피에로도

화답했다. 너무나 애처로운 울음소리에 부인은 더 이상 참을 수 없을 정도로 피에로가 보고 싶어졌다. 그리고 자신이 죽는 날까지 피에로를 행복하게 해 주겠다고 마음속 깊이 다짐했다.

그녀는 수소문을 해서 우물 파는 기술자를 찾아갔다. 그에게 사정 이야기를 하자 가만히 듣고 있던 그는 다시 꺼내려면 4프랑을 내라고 했다. 그녀는 너무 비싸다면서 펄펄 뛰었다. 그리고 갑자기 피에로를 돌보겠다는 마음이 사라져 버렸다. 인부는 어이가 없다는 표정으로 밧줄과 크랭크도 필요하고 도와줄 사람도 써야 하니 비싼 게 아니라고 했다. 그리고 거기에 들어가면 개들이 달려들어 물 텐데 4프랑도 안 받고 할 수는 없다고 말했다. 돈이 아까우면 거기에 집어넣지나 말지 그랬느냐며 투덜댔다. 부인은 화가 나서 어쩔 줄을 몰랐다.

4.

그녀는 집으로 돌아와 로즈에게 인부의 이야기를 했다. 로즈는 체념을 잘하는 성격이라서 4프랑이 비싸다는 데 맞장구를 치면서 이렇게 말했다.

"그냥 죽게 내버려 두는 건 너무 가엾으니 차라리 우리가 먹을 걸 주는 게 어떨까요?"

르페브르 부인은 즉시 찬성했다. 그들은 기뻐하면서 큰 빵에 버터를 발라서 들판을 가로질러 피에로에게 달려갔다. 두 사람이 번갈아 가며 던져 주는 빵을 받아 먹던 피에로는 더 달라고 아우성쳤다. 그들은 그날 저녁에 한 번 더 거길 다녀왔다. 그리고 다음 날도, 그 다음 날도 갔다 왔다. 이렇게 매일 왔다 갔다 하게 되자 두 사람은 거길 다녀오는 일 외에는 어떤 일도 할 수 없게 되었다.

두 사람이 피에로를 부르면 개는 자기가 여기 있다는 뜻으로 짖어 댔다. 두 사람이 갖고 온 빵을 떨어뜨릴 때마다 아래에서는 무섭게 싸우는 소리가 들렸다. 그리고 큰 개가 물었는지 깨갱거리며 슬피 우는 피에로의 소리가 들렸다. 빵은 힘이 더 센 그 큰 개가 모두 먹어 치운 것이었다. 두 사람은 아래쪽을 향해 간절한 목소리로 말했다.

"피에로, 이건 네 먹이란 말이야!"

하지만 아무런 소용이 없었다. 피에로가 받아먹지 못할 것이 뻔했다.

두 여자는 서로 얼굴을 빤히 쳐다봤다. 르페브르 부인은 어이없다는 표정으로 말했다.

"우리가 여기에 버려지는 모든 개를 먹여 살릴 순 없잖아? 항상 어떤 일이든 포기해야 할 때도 있는 거야!"

여기에 버려진 모든 개를 자신의 돈으로 키운다는 건 생각만 해도 끔찍한 일이었다. 부인은 화가 치밀어서 견딜 수가 없었다. 싸들고 온 남은 빵을 뜯어서 입에 넣고는 우물거리며 씹었다. 로즈는 하염없이 흐르는 눈물을 앞치마 자락으로 훔치면서 부인의 뒤를 따라갔다.

토론해 봅시다

주제 1. 두 여자는 왜 피에로에게 먹이 주는 걸 그만두었을까
요?

_____

_____

_____

_____

_____

주제 2. 애완견을 버리는 건 옳은가요?

_____

_____

_____

_____

_____

_____

당신이 찾는 것

———

프랑스 우화

작품 소개

이 작품은 '외모'를 주제로 참다운 아름다움의 기준에 대해 생각해 보게 한다. 외모(外貌, appearance)의 사전적 정의는 '겉으로 나타난 모습'이다. 주인집 아들은 우연히 무도회에서 만난 아름다운 여인을 찾아 헤맨다. 그런데 이 주인집 아들이 애타게 찾고 있는 아름다운 소녀의 정체는 결국 집 안에 있던 못생긴 '불붙이는 소녀'였다. 최근 우리나라는 성형공화국이라는 오명을 쓰게 되었다. 세계 제일의 성형 수술 수출국이기도 하다. 주인집 아들처럼 겉으로 화려하고 예쁜 것들에 집착하는 사회 풍조이다 보니 연예인이든 일반인이든 할 것 없이 지나치게 외모에만 치중하게 되는 것이다. 한 사람의 됨됨이나 가치는 겉으로 드러난 것과 다를 때가 많다. 사람들은 왜 외모에 치중하는 것일까? 내면에 중점을 두려면 어떻게 해야 할까? 외모와 내면의 조화를 이루려면 어떻게 하면 좋을까? 등 다양한 생각을 해 볼수 있다. 이 짧은 이야기를 통해 우리는 지나치게 외모에 치중하는 현대 사회의 전반적인 풍토를 반성해 보고 진정한 아름다움은 내면이 꽉 채워지는 것이라는 걸 깨달을 수 있다.

외모(外貌, appearance)
겉으로 나타난 모습

1.

예쁜 딸을 둔 아버지가 새 아내와 결혼을 했다. 그런데 안타깝게도 새엄마는 딸이 아름다운 걸 질투했다. 그녀는 매일 착한 딸을 못살게 굴다가 마침내 소녀를 집에서 쫓아냈다. 집을 나온 불쌍한 소녀는 먹고 살기 위해 남의 집 하녀가 되려고 어떤 집을 찾아갔다. 소녀는 그 집의 부인에게 자신이 일을 하려는 이유를 설명했다. 그러자 부인은 동정심에 두 개의 병을 주면서 말했다.

"이 병에 담긴 물로 얼굴을 씻으면 몹시 추하게 변하고, 이쪽 병에 담긴 물로 얼굴을 씻으면 예쁘게 변한단다."

부인은 세 개의 복숭아도 주면서 말했다.

"꼭 이루길 바라는 소원이 있을 때 쪼개 보렴."

소녀는 아름답고 친절한 부인에게 감사하다는 인사를 하고 집을 떠났다. 얼마쯤 가다가 소녀는 얼굴을 추하게 만드는 병에 있는 물로 세수를 하고 어느 부잣집을 찾아갔다. 소녀는 그 부잣집에서 하녀로 일하게 되었다. 소녀가 해야 할 일은 식사 준비와 심부름, 불을 붙이는 것이었다. 그래서 사람들은 소녀를 '불붙이는 소녀'라고 불렀다.

불붙이는 소녀는 그날부터 식사 준비를 했는데, 아직 요리에 서툴러서 소금을 쳐야 할 음식에 깜빡하고 소금을 안 쳤다. 그러자 음식 맛을 본 주인집 아들이 화를 내며 소리쳤다.

"뭐야? 너무 싱겁잖아! 어서 소금통을 가져와!"

불붙이는 소녀는 식사 준비를 하면서 계속 실수를 했다. 다음 날에는 포크 놓는 걸 잊어버려서 주인집 아들이 버럭 화를 내며 소리를 질렀다.

"포크가 없잖아! 손으로 먹으라는 거야, 뭐야?"

주인집 아들은 못생기고 더러운 소녀가 무척 싫었다. 그는 더 이상 소녀의 얼굴을 쳐다보지도 않았다.

2.

그러던 어느 날, 마을에서 큰 무도회가 열렸다. 주인집 아들은 멋진 옷을 차려입고 무도회에 갔다. 불붙이는 소녀도 무도회에 가고 싶었지만 부인은 허락해 주지 않았다. 부인이 말했다.

"우리 아들이 거기 가 있는데, 네 얼굴을 보면 무척 화를 낼 거야."

"저를 알아 볼 수 없도록 꾸며서 갈게요."

불붙이는 소녀가 계속 애원하면서 부탁하자 부인은 마침내 허락해 주었다.

소녀는 예뻐지는 병의 물로 얼굴을 씻고, 복숭아 하나를 쪼갰다. 그러자 장밋빛 옷이 거기서 나왔다. 아름답게 변한 소녀는 그 옷을 입고 무도회에 갔다. 주인집 아들은 소녀를 알아보지 못했다. 그는 처음 보는 아름다운 소녀가 나타나자 가까이 다가가서 자신과 춤을 추자고 했다. 그러면서 소녀에게 팔찌를 선물로 줬다. 무도회가 끝나자 주인집 아들은 소녀에게 말했다.

"집이 어디죠? 제가 집까지 데려다 줄게요."

소녀는 주인집 아들의 제안을 정중히 거절했다.

"고맙지만 사양할게요. 대신 내일 이곳에서 또 뵐게요."

작별 인사를 하고 서둘러 집으로 돌아온 소녀는 추해지는 물로 세수를 하고는 잠자리에 들었다. 주인집 아들이 돌아왔을 때 소녀는 깊이 잠들어 있었다.

다음 날 주인집 아들은 어머니에게 말했다.

"어머니, 어젯밤 무도회에 눈부시게 아름다운 소녀가 왔어요."

"그래? 어떤 소녀였는데?"

"음, 뭐랄까요. 제가 한눈에 반해서 결혼까지 하고 싶어졌지요."

"어디에 사는 소녀니?"

"그건 몰라요. 오늘 밤에 또 온다고 했어요."

그날 밤에도 불붙이는 소녀는 부인에게 무도회에 가게 해 달라고 부탁했다. 부인은 어제처럼 쉽게 허락하지 않았다. 하지만 소녀가 눈물을 글썽이며 너무 간절히 부탁하자 끝내 허락했다. 소녀는 예뻐지는 물로 얼굴을 씻고 나서 복숭아 하나를 또 쪼갰다. 그러자 이번에는 아름다운 빨간색 드레스가 나왔다. 소녀는 그 옷을 입고 무도회에 갔다.

무도회에 일찍 가서 초조한 마음으로 기다리던 주인집 아들은 소녀가 나타나자마자 곁으로 다가와서 말했다.

"드디어 오셨군요. 어서 저랑 춤춰요."

그러면서 주인집 아들은 귀걸이를 선물로 줬다.

무도회가 끝난 후에 주인집 아들은 또 집까지 데려다 주겠다고 했다. 하지만 소녀는 주인집 아들의 제안을 다시 거절하면서 말했다.

"혼자 갈 수 있게 해 주세요. 대신 내일 밤에도 만나러 올게요."

소녀는 서둘러 집으로 돌아와서는 추해지는 물로 세수를 하고 잠자리에 들었다. 아무도 소녀의 변신을 몰랐다.

사흘째 마지막 무도회 날이었다. 불붙이는 소녀는 이번에도 부인을 설득해서 무도회에 갈 수 있었다. 소녀는 예뻐지는 물로 세수를 하고, 마지막 복숭아를 쪼갰다. 이번에는 거기서 금실로 수놓은 파란색 옷이 나왔다. 소녀는 그 옷을 입고 무도회에 갔다. 주인집 아들은 소녀가 나타나자 바로 달려와 춤을 추자고 하면서 선물로 브로치를 주었다. 그리고 소녀와 함께 밤새도록 춤을 췄다. 무도회가 다 끝나고 주인집 아들은 소녀에게 말했다.

"오늘은 마지막 밤이니 꼭 집까지 데려다 주고 싶어요."

그러나 소녀는 말이 끝나기도 전에 도망치듯이 그곳을 빠져나왔다. 그러고는 서둘러 집으로 돌아와 곧바로 추해지는 물로 얼굴을 씻은 후에 잠자리에 들었다. 주인집 아들은 뒤늦게 집에 들어왔고, 더 이상 아름다운 소녀를 볼 수 없을지도 모른다는 생각에 마음이 아팠다.

3.

주인집 아들은 밤새 잠을 설치고, 다음날 아침에 일어나자마자 어머니에게 말했다.

"어머니, 저는 도저히 그 사람을 잊을 수 없어요. 아무래도 제가 그 사람을 찾으러 떠나야 할 것 같아요."

며칠 뒤에 어머니는 소녀를 찾으러 떠난 아들에게 빵을 보내려고 했다. 불붙이는 소녀는 자기가 그 빵을 만들 수 있게 해 달라고 부탁했다. 하지만 부인은 쉽게 승낙하지 않으며 말했다.

"네가 만든 빵이란 걸 알면 아들이 싫어하지 않겠니?"

그래도 불붙이는 소녀가 계속 간절히 부탁하자 마침내 부인은 정원한다면 그렇게 하라고 허락했다.

소녀는 기뻐하면서 빵을 만들기 시작했다. 그리고 빵을 만들면서 모든 빵 안에 다음과 같은 쪽지를 넣었다.

"당신은 어디로 가고 있나요? 당신이 찾고 있는 건 당신 집에 있답니다."

어머니에게 빵을 전해 받은 주인집 아들은 빵을 먹다가 쪽지를 발견했다. 그리고 어머니가 그 사람을 찾았다고 생각하고는 기쁜 마음으로 집에 돌아왔다. 아들이 돌아오자 어머니가 물었다.

"벌써 소녀를 찾았어?"

"무슨 말씀이세요? 어머니가 찾은 것 아니었어요?"

주인집 아들은 실망하면서 빵 속에 들어 있던 쪽지에 대해 얘기했다. 어머니는 빵을 만든 불붙이는 소녀를 의심했지만, 소녀가 빵을 만들었다는 사실을 아들이 알면 싫어할까 봐 대충 얼버무렸다.

주인집 아들은 잠시 휴식을 취한 뒤에 다시 소녀를 찾으러 떠났다. 그리고 며칠 뒤에 어머니는 다시 아들을 위해 빵을 보내려고 했다. 이번에도 불붙이는 소녀는 자기가 빵을 만들겠다고 부인에게 부탁해서 허락을 받았다. 소녀는 지난번처럼 모든 빵 속에 다음과 같은 쪽지를 넣었다.

"당신은 어디로 가고 있나요? 당신이 찾고 있는 건 당신 집에 있답니다."

주인집 아들은 또 쪽지를 보고는 이번에야 말로 어머니가 그 사람을 확실히 찾았다고 생각하고 서둘러 집으로 향했다. 아들이 돌아오자 어머니가 물었다.

"이번에는 찾았니?"

"네?"

"아니야?"

"어머니가 쪽지에 써서⋯."

주인집 아들은 말을 잇지 못하고 잠자리에 들었다. 그는 그날로 병이 들어서 일어나지 못하게 되었다. 날이 갈수록 쇠약해졌다. 아픈 몸이었지만 무도회에서 만난 소녀 생각뿐이었다. 소녀를 그리워하면서 다시 만나 춤도 추고, 결혼해서 행복하게 살고 싶었다. 하지만 일어날 수도 없는 처지였다.

4.

그러던 어느 날 어머니는 제대로 먹지도 못하는 아들에게 특별히 만든 수프를 갖다 주려고 했다. 그때 불붙이는 소녀가 말했다.

"제가 가지고 갈게요."

"안 된다. 그렇잖아도 많이 아픈데, 네 얼굴을 보면 기분이 나빠서 접시를 던질지도 몰라."

하지만 소녀는 물러나지 않고 간곡히 부탁했다.

"한 번만 제게 맡겨 주시면 반드시 수프를 드시게 하겠어요."

부인은 한숨을 쉬면서 말했다.

"그래? 그렇다면 네가 갖고 가렴."

불붙이는 소녀는 무도회에서 주인집 아들에게 받은 선물을 꺼냈다. 팔찌와 귀걸이, 브로치를 수프 그릇에 넣고 수프를 담아서 주인집 아들에게 가져갔다. 병색이 짙은 주인집 아들은 불붙이는 소녀를 보자마자 소리를 질렀다.

"나가! 꼴도 보기 싫으니 꺼져!"

소녀는 애원하며 말했다.

"그러지 말고 수프 좀 드셔 보세요. 기운 차리셔야죠."

"수프 따위는 필요 없으니, 가져가라고!"

"맛있는 수프니 조금만이라도 드셔 보세요."

"싫어, 나가라니까!"

"제발 한 숟가락이라도…."

"좋아, 한 숟가락만 먹으면 갈 거지?"

그렇게 말하고 나서 주인집 아들은 소녀가 준 수프를 한 숟가락 떴다. 그랬더니 자신이 무도회에서 아름다운 소녀에게 준 팔찌가 나와서 깜짝 놀랐다. 주인집 아들은 흥분해서 물었다.

"누가 이 팔찌를 네게 줬지? 그 사람을 알고 있는 게 분명해. 그렇다면 어디 있는지 알려줘."

불붙이는 소녀가 말했다.

"일단 수프를 한 숟가락 더 드세요."

주인집 아들은 소녀가 말하자마자 수프를 한 숟가락 더 떴다. 그랬더니 이번에는 귀걸이가 나왔다.

"한 숟가락 더 드세요."

소녀가 말하자 주인집 아들은 한 숟가락 더 떴다. 그랬더니 브로치가 나왔다. 주인집 아들은 흥분해서 벌겋게 달아오른 얼굴로 말했다.

"어서 빨리 얘기해 줘. 얼른!"

주인집 아들은 소리를 지르는 것처럼 말했다.

"만나고 싶은가요?"

소녀가 차분하게 물었다.

"지금 그걸 말이라고 해? 내가 병이 난 이유도 그 사람 때문이라고. 지금 당장이라도 만나고 싶어."

"그럼 잠깐만 기다리세요."

소녀는 방을 나가서 예뻐지는 물로 얼굴을 씻고는 장밋빛 옷을 입고 돌아와서 물었다.

"그 소녀가 이런 모습이었나요?"

주인집 아들이 큰 소리로 외쳤다.

"바로 그대로야! 오, 나의 소녀여!"

불붙이는 소녀는 다시 방을 나갔다가 빨간색 옷을 입고 돌아왔다.

"그 소녀가 이런 모습이었나요?"

주인집 아들이 소리쳤다.

"바로 그대로야! 오, 나의 소녀여!"

불붙이는 소녀는 다시 방을 나갔다가 금실로 수놓은 파란색 옷을 입고 돌아왔다.

"그 소녀가 이런 모습이었나요?"

주인집 아들이 소리쳤다.

"바로 그대로야! 오, 나의 소녀여!"

주인집 아들은 바깥을 향해 더욱 큰 소리로 외쳤다.

"어머니, 이 사람이 내가 찾던 바로 그 소녀예요."

그로부터 3일 뒤에 주인집 아들은 건강을 회복하고 잘생기고 씩씩한 청년으로 돌아왔다. 그리고 얼마 뒤에 두 사람은 결혼했고, 죽는 날까지 평생 행복하게 살았다.

토론해 봅시다

주제 1. 소녀는 왜 '당신이 찾고 있는 건 당신 집에 있다.'는 쪽지를 남겼을까요?

주제 2. 같은 사람을 겉모습에 따라 다르게 보는 건 옳은가요?

최상품

—

존 골즈워디(John Galsworthy)
1867~1933, 영국 작가

작품 소개

이 작품은 한 분야의 '장인(匠人)'에 관한 이야기다. 장인정신(匠人精神, artisan spirit)의 사전적 정의는 '예술가가 작품을 대하는 마음 자세나 태도'다. 케슬러 씨와 그의 형은 최상품 구두를 만드는 장인으로 시간과 공을 들여 오랜 시간 동안 고지식하게 최상의 구두만을 만들었다. 하지만 기계화, 자동화로 인해 점차 설 자리가 없어지게 되어 버리고 결국 먹고 사는 문제조차 해결하지 못한다. 이웃나라 일본은 어느 나라보다 장인을 우대한다. 일본에 갔을 때 놀란 것은 '오코시'라 부르는 일본식 쌀 과자를 만드는 데도 몇 대를 이으며 기술을 전수하고 있었고, 스시·우동·장어·덴푸라 등 대부분의 기술이 대를 이어 전수되고 있었다. 이탈리아 장인 이야기도 많이 들어 보았을 것이다. 무엇이든 빨리 빨리 적당히 만들어 내는 것이 일반화된 지금, 전통을 지키며 묵묵히 오직 한길을 걷는 그런 '장인'들의 고집스런 정신이 그립다. 다행한 것은 최근 우리나라도 '무형 문화재'나 '장인'들이 우대받는 분위기가 조성되고 있다는 것이다. 하지만 아직 생계 걱정을 하지 않고 오직 작품 활동을 할 수 있는 장인은 거의 없을 것이다. 장인들은 왜 멋진 작품을 만들기 위해 노력하는 것일까? 사람들은 왜 그런 작품을 잘 몰라 보는 것일까? '장인'들이 제대로 대접받으려면 어떻게 해야 할까? 등 다양한 생각을 해 볼 수 있다. 이 텍스트를 통해 문화강국이었던 우리나라의 자존심을 회복하기 바란다.

장인정신(匠人精神, artisan spirit)
예술가가 작품을 대하는 마음 자세나 태도

작품 읽기

1.

내가 아주 어렸을 때부터 아버지가 자주 이용하던 단골가게가 있었다. 지금은 그 가게의 옆길이 없어졌지만 당시에는 웨스트앤드에서 제일 좋은 위치에 있었다. 그 가게 앞에는 왕실의 구두를 만든다고 자랑하는 것 같은 화려한 간판도 없었고, 다만 '케슬러'라는 독일 이름이 걸려 있었다. 진열장에는 늘 두 켤레의 구두만 놓여 있었다.

왜 항상 똑같은 구두만 진열되어 있었는지 이유는 모른다. 가게 주인은 그 구두를 진열장에서 내린 적도 없고, 주문이 들어오는 대로 구두를 만들었으며, 구두가 맞지 않는다고 해서 반품하는 일도 없었다. '그 구두는 진열하기 위해 특별히 구입한 것일까?' 지금도 가끔 이런 의문이 든다. 하지만 그건 있을 수 없는 일이다. 자신이 만들지도 않은 구두를 진열해 둘 리는 없기 때문이다.

그 구두는 탐이 날 만큼 무척 아름다웠다. 한 켤레는 특허를 받은 에나멜가죽으로 맵시 있게 만든 무도화였고, 다른 한 켤레는 새것인데도 백 년은 신은 것처럼 은은한 누런빛이 나는 승마용 장화였다. 그 구두는 신발의 혼을 볼 수 있는 사람이 만든 것 같았고, 신발을 만드는 참다운 정신을 구체적으로 드러낸 '신발의 원형'이었다.

나는 열네 살 무렵에 처음 그곳을 찾아갔을 때 케슬러 씨와 그의 형에게서 약간의 위엄을 느꼈다. 그가 구두를 만든다는 것 자체가 내게는 신비로운 일이었고, 아직도 그런 느낌이 남아 있다. 나는 그에게 발을 맡기고는 수줍어하며 했던 말을 아직도 기억한다.

"케슬러 씨, 구두를 만드는 건 엄청 어려운 일이죠?"

그는 붉은 수염이 덮인 입을 크게 벌리고 웃으면서 대답했다.

"이것도 예술이랍니다."

그는 주름이 있는 누런 얼굴에 붉은 색의 머리카락과 수염, 쉰 목소리를 가진 사람이었는데, 내게는 마치 가죽으로 만들어진 사람처럼 보였다. 가죽은 길들여지지 않는 괴물처럼 쉽게 말을 듣지 않고 뻣뻣한데, 그의 얼굴 모습이 그래 보였다. 하지만 검푸른 색의 눈동자에는 순수한 이상에 빠진 사람에게서 볼 수 있는 소박함과 의젓함이 비쳤다. 그의 형은 얼굴 전체가 잔뜩 물기를 머금은 가죽처럼 보였지만 두 사람의 얼굴은 거의 비슷했다.

처음에는 일을 마칠 때까지도 내가 둘 중에 누구를 만났는지 알 수 없는 경우가 많았다. 그러다가 '내 동생에게 한 번 물어 보시지요.'라는 말이 나오지 않으면 동생이었고, 그런 말이 나오면 형이란 걸 알 수 있었다. 나이가 들면서 성격이 거칠어지고 물건을 외상으로 구입하는 일도 많아졌지만 케슬러 형제에게만큼은 한 번도 외상을 하지 않았다. 왠지 외상을 하면 다시는 그 가게를 이용할 수 없을 것 같았다.

그가 만든 구두는 날림이 아니라서 아주 오랫동안 신을 수 있었다. 그야말로 장인정신을 최대한 발휘해서 구두를 만들었던 것이다. 다른 가게를 들를 때는 빨리 만들어 주길 바라는 마음이지만 그 가게에 들어갈 때는 성당에 들어서는 것처럼 경건한 마음이었다. 그들은 기다리는 사람이 없도록 하기 위해 의자를 하나밖에 두지 않았다.

나무의자에 앉아서 기다리고 있으면 잠시 후에 가게 다락방에서 그나 그의 형이 얼굴을 내밀었다. 그리고 좁은 목조계단을 걸어 내려와서 내 앞에 섰다. 셔츠에 가죽 앞치마를 두르고는 소매를 걷어 붙였다. 내 쪽으로 허리를 굽히고 눈을 껌벅일 때면 구두에 관한 꿈을 꾸다가 금방 깨어난 것처럼 보였다. 햇빛에 놀란 올빼미가 방해를 귀찮아하는 표정의 그를 바라보다가 내가 입을 열었다.

"안녕하셨어요? 러시아 가죽으로 구두를 한 켤레 만들어 주세요."

그러면 그는 대답도 하지 않고 나를 앉혀 두고 나왔던 곳으로 돌아가거나 가게 구석으로 걸어갔다. 내가 나무의자에 앉아서 가게에서 풍기는 가죽 냄새를 맡으며 쉬고 있으면 잠시 후에 핏줄이 드러난 손에 짙은 금갈색 가죽 한 장을 들고 왔다. 그리고 가죽을 노려보면서 중얼거렸다.

"좋은 가죽이지요."

내가 고개를 끄덕이면 그는 이렇게 말했다.

"언제쯤 찾아가실 거죠?"

"가능한 빨리 가져가면 좋겠습니다."

"보름 후면 어떨까요?"

만약 형이었다면 이렇게 말했을 거다.

"아우에게 물어 보겠습니다."

나는 낮은 목소리로 인사를 했다.

"안녕히 계세요."

"안녕히 가십시오."

그는 인사를 하면서도 손에 들고 있는 가죽만 바라봤다. 그리고 내가 문으로 걸어가는 동안 계단을 올라가 다시 구두의 꿈나라로 돌아갔다. 만약 그가 지금까지 만들어 보지 못한 새로운 종류의 신발을 주문받을 때면 제법 격식을 차렸다. 내 구두를 벗겨서 한참 동안이나 손에 들고서는 그 구두를 만들었던 당시를 회상했다. 그러고 나서 내 발을 종이 위에 올려놓고는 발 모양을 연필로 그리고 민감한 손가락으로 내 발을 여기저기 눌러 보면서 어떤 조건들을 탐색했다.

2.

어느 날 그에게 했던 말이 아직도 기억난다.

"케슬러 씨, 지난번에 만들어 주신 산책용 구두에서 삐걱거리는 소리가 납니다."

그는 잠시 나를 쳐다보더니 입을 열었다.

"그 신발에서 그런 소리가 날 리가 없을 텐데요."

"하지만 소리가 나는 걸요?"

"자리가 잡히기 전에 혹시 물에 젖었나요?"

"그런 일은 없었는데요."

그는 그 구두를 만들 때의 기억을 더듬어 보려는 듯 고개를 숙이고 생각에 잠겼다. 나는 그런 말을 했다는 걸 후회했다.

"갖다 주시면 손봐 드리겠습니다."

갑자기 민망한 마음이 내 속에서 올라왔다. 그가 이상하다는 눈빛으로 슬픈 표정을 지으며 말했다.

"처음부터 몹쓸 구두도 있는 법이지요."

그는 느리게 말을 이었다.

"혹시 제가 그걸 못 고친다면 돈을 돌려드리겠습니다."

언젠가 한 번은 멍청한 짓을 한 적도 있었다. 급히 필요해서 다른 큰 상점에서 샀던 기성화를 신고 그의 가게에 들렀던 것이다. 그날은 주문을 받은 후에 가죽을 가져올 생각도 하지 않고, 나의 열등한 구두를 뚫어지게 쳐다보더니 이렇게 말했다.

"이건 우리 집에서 만든 구두가 아니네요?"

그 말은 화난 것도, 섭섭한 것도, 깔보는 것도 아니었지만 왠지 마음을 졸이게 했다. 그는 내 구두에서 맵시를 내려다가 잘 맞지 않게 된 곳을 손으로 짚으면서 이렇게 말했다.

"여기가 닿아 불편하지요? 그런 큰 상점은 도무지 자중할 줄을 모른다니까요. 이런 졸작을 만들다니….."

그러더니 마음이 무거운 듯 애절한 말투로 한참동안 주절댔다. 그가 자신의 사업이 어려움을 겪고 있다고 말하는 것을 본 건 그것이 처음이자 마지막이었다.

"그들은 기술이 아니라 광고로 일감을 싹쓸이하고 있어요. 구두를 사랑하는 우리들로부터 일을 빼앗는 것이죠. 요즘은 주문이 줄어서 일거리가 거의 없어요."

나는 그 재수 없는 구두를 사게 된 이유에 대해 최선을 다해 설명했다. 하지만 그의 표정과 말에서 어찌나 깊은 감명을 받았던지 나는 금방 몇 켤레의 구두를 주문하고 말았다. 그 구두를 지금까지도 신고 있으니 그래도 이득은 봤다. 그 후로 나는 양심의 가책을 느껴서 2년 이상이나 그를 찾아갈 수 없었다.

3.

오랜만에 다시 가게를 찾아갔을 때 유리창 한 쪽에 '왕실을 위해 제

조합'이라는 안내판과 다른 구두장수의 이름이 쓰인 간판을 보고는 깜짝 놀랐다. 오랫동안 진열되었던 무도화는 한쪽 구석에 아무렇게나 놓여 있었다. 가게 안으로 들어서니 전보다 더 좁아진 공간에서 칙칙한 냄새가 풍겼다. 나는 주인이 나올 때까지 한참이나 앉아서 기다렸다. 마침내 그가 내 앞으로 다가오자 나는 발을 내밀면서 말했다.

"누구시죠? 아, 케슬러 씨!"

그는 내 발을 보면서 이렇게 중얼거렸다.

"어떤 사람들은 좋은 구두를 원하지 않나 보네요."

그의 꾸짖는 듯한 목소리와 눈초리를 피하려고 나는 얼른 한 마디 했다.

"가게가 왜 이렇게 달라졌나요?"

그는 조용히 대답했다.

"세가 너무 비싸졌어요."

그는 몹시 지치고 힘들어 보였다. 그래서 나는 두 켤레 이상은 필요 없었지만 세 켤레를 주문하고 가게를 나왔다. 왠지 모르게 그의 사업이 망해 가는 데 나도 한몫을 하고 있다는 느낌이 들었기 때문이다.

그 후로 여러 달이 지나서 이런 생각으로 그 가게를 다시 찾아갔다.

'오랜 단골인데 다시 찾아가 봐야지. 그가 아니라면 그의 형이라도 만나야겠어.'

그의 형은 남에게 뭐라고 할 사람이 아니라는 걸 알고 있었기 때문이다. 예상대로 그 가게에서 가죽을 뒤적이는 사람을 보자 나는 그가 형이라고 생각하고는 마음이 놓였다. 내가 인사를 건넸다.

"케슬러 씨, 안녕하세요?"

"네, 저는 별일 없지만 형님은 돌아가셨습니다."

전에는 그가 형에 대해 얘기하는 걸 본 적이 없었기 때문에 나는 그가 형인 줄로 알고 있었다. 나는 작은 목소리로 중얼거렸다.

"참으로 슬픈 일이네요."

"네, 좋은 구두를 만들던 훌륭한 분이셨지요."

그러면서 그는 머리를 긁적이면서 형이 죽은 이유를 말했다.

"가게 반쪽을 내놓은 상심 때문에 병이 더 심해졌지요. 구두를 주문하러 오셨습니까?"

그는 손에 든 가죽을 보면서 말했다.

"좋은 가죽이지요."

나는 여러 켤레의 구두를 맞췄다. 그것이 집으로 배달된 것은 한참이 지나서였다. 여느 때와 다름없이 훌륭한 구두였다.

얼마 후에 나는 외국으로 떠나게 되었다. 1년 정도 지났을 때 다시 런던으로 돌아왔고, 내가 맨 처음 찾아간 곳은 그 가게였다. 지난번에 봤을 때는 60대의 노인이었는데, 이번에는 70대의 할아버지가 되어 있었다. 그는 쪼그라들고 수척해진 손을 떨고 있었고, 나를 잘 알아보지 못했다.

나는 마음이 너무 아파서 속으로 그를 불렀다.

'아, 케슬러 씨!'

그리고 이렇게 말했다.

"케슬러 씨가 만든 구두는 너무나 훌륭합니다. 보세요. 외국에 있는 동안 당신의 구두를 계속 신고 있었는데, 아직 이렇게 멀쩡합니다."

그는 한참 동안 러시아 가죽으로 만든 내 구두를 쳐다봤다. 그의 얼굴이 편안해지더니 내 발등을 손으로 만지면서 말했다.

"여기가 잘 맞던가요? 이 구두를 만들 때 많이 힘들었던 기억이 나네요."

나는 잘 맞아서 편하다고 대답했다.

"구두를 주문하시겠어요? 요즘은 한가하니 빨리 만들어 드릴 수 있답니다."

"네, 부탁드려요. 구두는 여러 종류가 필요하고, 언제든 있어야 하니까요."

"발 모양이 변했을 수도 있으니 새로 본을 뜨는 게 좋을 것 같군요."

그는 천천히 내 발 둘레를 연필로 그으면서 무슨 생각이 난 것처럼 고개를 들면서 말했다.

"제 형님이 돌아가셨단 얘기를 했던가요?"

나는 너무도 쇠약해진 그를 바라보는 것만으로도 무척이나 마음이 아프고 괴로웠다. 그곳을 나오니 마음이 가벼워지는 것 같았다.

4.

어느 날 저녁, 주문한 것도 잊고 있었던 구두가 도착했다. 나는 포장을 열고 구두 네 켤레를 하나씩 신어 봤는데, 이상한 점은 없었다. 가죽의 품질로 보나, 솜씨로 보나, 꼭 맞는 것으로 보나 지금까지 만들었던 그 어떤 구두보다 좋았다. 소풍용 구두 한 짝 안에 들어 있던 청구서를 보니 금액도 전과 같았다. 하지만 3개월에 한 번씩 계산하던 날짜가 되기 전에 청구서를 미리 보내온 적이 없어서 조금 놀랐다. 그래서 아래층으로 내려가 수표를 적어서 즉시 부쳐 주었다.

일주일 정도 지났을 때 그 거리를 지나가게 되었는데, 새로 만들어 준 구두가 얼마나 잘 맞는지 칭찬해 주고 싶어서 그 가게에 들렀다. 그런데 그 가게 앞에 가서 보니 그의 이름이 사라지고 없었다. 하지만 아직도 진열장 속에는 맵시 있는 무도화와 승마용 장화가 놓여 있었다. 나는 당황스럽고 마음에 혼란까지 느끼며 가게 안으로 들어갔다. 두 가게를 하나로 합쳐 놓은 구둣방에는 어떤 젊은이가 앉아 있었다.

"케슬러 씨 계시나요?"

청년은 묘한 표정을 지으며 환심을 사려는 듯 말했다.

"아니오, 안 계십니다. 하지만 구두를 주문하셔도 됩니다. 제가 이 가게를 물려받았거든요."

"그렇군요. 그런데 케슬러 씨는 어디로 가셨나요?"

"그 분은 돌아가셨습니다."

"네? 돌아가시다니요! 지난 수요일에 그 분이 만든 구두를 받았는데요?"

"그 분은 가엾게도 비참한 모습으로 굶어 죽었습니다."

"뭐라고요?"

"의사들이 아사(餓死, 굶어 죽음)라고 하더군요. 잘 아시다시피 고지식한 방법으로 장사하는 분이었잖아요. 가게는 쉬는 날도 없이 열어두려 하고, 자기가 만들고 있는 구두는 아무도 못 만지게 했지요. 주문을 하면 너무 시간이 많이 걸려서 손님들은 기다려 주지 않았지요. 그래서 손님을 대부분 놓쳤습니다. 그리고 저기에 앉아서 계속 일만 했습니다. 그 분을 위해 해 드릴 수 있는 한 마디는 런던에서 그만큼 구두를 잘 만드는 기술자는 없다는 사실이지요. 하지만 경쟁력이 떨어졌어요. 한 번도 광고를 한 적이 없거든요. 게다가 가죽은 최고급으로 쓰고 직접 손으로 만드는 것만 고집했지요. 그러니 무슨 장사가 되겠습니까?"

"그래도, 굶어 죽다니요!"

"제가 알기로 그 분은 마지막 순간까지 낮이고 밤이고 구두를 만들었습니다. 저는 항상 그 분을 살펴보고 있었지요. 밥 먹는 시간까지 아껴 가면서 열심히 일을 했지만 돈이 거의 없었어요. 집세와 가죽 값을 주고 나면 남는 게 없었지요. 그래도 이만큼이나마 살아왔다는 게 기적입니다. 그 분은 생명의 불이 자연스럽게 꺼지도록 내버려 둔 것 같습니다. 기인 같은 분이었지만 구두 하나만큼은 기가 막히게 잘 만드셨죠."

"맞아요. 훌륭한 구두를 만드셨지요."

나는 발길을 돌려서 급히 가게를 나왔다. 나에게 그것을 알아볼 만한 안목이 없다는 걸 그 젊은이가 아는 게 싫었던 것이다. 나는 어디로 가야 할지 몰라서 한참이나 가게 앞에 멍하니 서 있었다.

토론해 봅시다

주제 1. 주인공은 왜 어디로 가야 할지 몰라서 가게 앞에 멍

하니 서 있었을까요?

_____

_____

_____

_____

_____

주제 2. 상품의 질보다 돈벌이에 치중하는 게 옳은가요?

_____

_____

_____

_____

_____

_____

환상을 좇는 여인

토마스 하디(Thomas Hardy)
1840~1928, 영국 작가

작품 소개

이 작품은 동경(憧憬)에 대해 생각해 볼 수 있게 한다. 동경(憧憬, yearning)의 사전적 정의는 '흔히 겪어 보지 못한 대상에 대하여 우러르는 마음으로 그리워하여 간절히 생각하는 것'이다. 본문에 등장하는 부부는 사뭇 다르다. 아내는 정신적 가치와 이상을 추구하고, 남편은 물질과 현실을 중시한다. 그래서 얼핏 보기에는 잘 어울려 보여도 많은 부분에서 공통점을 찾기 힘들다. 현실 세계에서도 결혼을 하고 나면 서로의 다른 점을 인정하는 것이 어려워 많은 부부가 어려움을 겪는 것이 사실이다. 그러다 보니 이 작품의 내용은 현재 우리의 현실과도 잘 맞는 것 같다. 많은 여성이 주인공처럼 현실 세계에는 없는 이상향의 남성상을 찾아 연예인이나 유명인을 동경해서 팬클럽을 만들기도 하고, SNS에서 배회하는 경우를 많이 볼 수 있다. 최근에는 청소년들도 인기 연예인을 동경하거나 인터넷 소설 혹은 웹툰 속의 가상인물을 동경하여 그들이 말하는 '오덕' 문화를 만들어 내는 경우도 많이 볼 수 있다. 왜 사람들은 현실보다는 이상적인 세계의 사람을 동경하는 것일까? 사랑하는 사람이 없을 때는 모르지만 있을 때도 동경하는 것은 옳을까? 내가 사랑하는 사람이 누군가를 동경한다면 나는 어떻게 해야 할까? 등 다양한 생각을 해 볼 수 있다. 이 텍스트를 통해 과연 다른 사람을 동경하는 것은 어디까지가 건강한 수준일지 나름의 기준을 정해 보는 것도 좋다.

동경(憧憬, yearning)
흔히 겪어 보지 못한 대상에 대하여 우러르는 마음으로 그리워하여 간절히 생각함

작품 읽기

1.

윌리엄 마치밀은 아름다운 해변으로 유명한 휴양도시 소렌트 시에서 잠시 머무를 집을 구하러 나갔다가 가족이 있는 호텔로 돌아왔다. 아내와 아이들은 바닷가로 산책을 나갔는지 객실에 없었다. 호텔 직원의 안내를 받아 한참을 헤매고 나서야 아내를 찾은 마치밀은 멀리도 나왔다면서 짜증 섞인 말투로 투덜댔다. 마치밀 부인은 책에 푹 빠져 있다가 제정신이 돌아온 듯 화들짝 놀라며 말했다.

"미안해요. 생각보다 당신이 늦는 것 같기도 하고, 방에만 있자니 너무 지루하기도 해서 나왔어요. 근데 무슨 일 있어요?"

"마을이 온통 피서객으로 넘쳐서 마음에 드는 집을 구하기가 어렵더군. 어쨌든 겨우 하나 정해 놓고 왔는데, 같이 가 보지 않을래요?"

부부는 유모에게 아이들을 데리고 좀 더 산책을 하라고 하고는 먼

저 돌아왔다.

이 부부는 나이와 생김새, 집안을 보면 잘 어울리는 것 같았다. 하지만 성격은 잘 맞지 않았다. 남편은 내성적이고 차분한 편이지만 아내는 외향적이고 다혈질적이었다. 그렇다고 자주 부딪치는 것은 아니었고, 취향이나 취미생활 같은 사소하면서도 무시할 수는 없는 부분에서 공통점을 찾기 어려웠다.

마치밀은 정신적 가치와 이상을 추구하는 아내의 취향이 유치하다고 생각했고, 아내는 물질과 현실을 중시하는 남편이 천박하다고 여겼다. 남편은 큰 도시에서 총기 제조 사업을 하느라 일밖에 모르는 사람이었지만 아내는 감수성이 예민해서 감동을 잘 받는 사람이었다.

아내 엘라는 남편 마치밀의 사업이 결국 생명을 빼앗는 도구를 만드는 일이라는 걸 생각할 때마다 고통을 느꼈다. 결혼 전에는 남편의 직업 때문에 고민할 거라고는 생각도 하지 못했다. 그저 여자는 때가 되면 결혼을 해야 한다는 걸 당연하게 생각하고는 마치밀의 청혼을 받아들였다.

엘라는 신혼여행을 다녀와서 정신을 차리고 나서야 총기가 첫덩인지, 장애물인지, 소중한 물건인지 등 여러 가지 생각을 해 봤고, 나름의 결론을 내리게 되었다. 그 후로 남편의 천박함과 어리석음을 불쌍하게 여기면서 자신의 불행도 안타깝게 생각했다. 그리고 우아하면서도 섬세한 자신의 감정을 마음껏 발산할 수 있는 상상의 세계를 만들고는 그 속에 빠져 지내면서 스스로를 달랬다.

엘라는 키는 작았지만 빛나는 검은 눈동자에 날씬하면서도 우아한 몸을 갖고 있어서 생기발랄한 분위기가 느껴졌다. 가끔은 그녀의 매력적인 눈동자가 주변 남자들의 마음을 흔들어 놓기도 했는데, 그녀는 그런 일이 있을 때마다 몹시 불쾌한 기분이 들었다. 마치밀은 큰 키에 얼굴이 긴 편이었고, 깊은 눈매에 갈색 수염을 기르고 있었으며, 말투가 정확하고 분명했다. 그는 무기가 필요한 이 세상에 무척 만족했고, 아내에게는 항상 친절하고 너그러웠다.

2.

부부는 남편이 봐 두었다는 집에 도착했다. 정원에는 바닷바람을 막기 위한 상록수가 심겨 있었고, 현관까지 돌계단이 이어졌으며, 작은 언덕 위에 있어서 바다가 한눈에 보이는 집이었다. 여주인은 이 방 저 방 실내를 보여 주면서 이 집이 어떤 점이 좋은지, 왜 지내기에 편한지 자세히 설명했다. 엘라는 위치도 좋고, 건물도 마음에 들지만 집이 좀 작아서 방을 모두 써야 할 것 같다고 말했다.

여주인은 잠시 생각하더니 솔직하게 사정을 얘기했다. 자기는 우리가 꼭 머물기를 바라지만 지금 방 두 개를 어떤 신사 한 명이 쓰고 있다고 했다. 휴가철이라고 방세를 더 내는 건 아니지만 1년 계약을 했고, 점잖고 훌륭한 젊은이라서 한때 장사를 위해 그를 나가라고 할 수는 없다고 했다. 혹시 그분이 잠시 다른 곳에 가 있겠다고 할 수도 있으니 확인하고 연락을 다시 주겠다고 했다.

호텔로 돌아와서 차를 한 잔 마시려고 앉았는데, 여주인에게서 전화가 왔다. 그 신사가 한 달 정도 방을 비워 줄 테니 손님들을 받아도 된다고 배려해 주었다는 것이다. 엘라는 그런 친절한 분에게 불편을 주고 싶지는 않다고 우아하게 대답했다. 여주인은 그분이 일부러 그러는 게 아니라면서 원래 한 번씩 기분 전환을 위해 건너편 섬에 있는 작은 농가에서 묵기도 한다고 말했다. 여주인은 이들 부부가 꼭 묵기를 바란다고 사정하듯이 말했다.

다음 날 마치밀 가족은 그 집에 들어갔다. 점심을 먹고 나서 남편은 산책을 나갔고, 아이들은 모래사장으로 놀러 갔다. 한숨을 돌린 엘라는 집안 구석구석을 살펴보면서 여유 있는 시간을 보냈다. 젊은 신사가 썼던 작은 거실에는 그의 물건들이 남아 있었는데, 그의 개인적 취향이 고스란히 드러났다. 높은 안목이 드러나는 가구들이 잘 배치되어 있었고, 그의 성향을 엿볼 수 있는 책들이 한쪽 구석에 쌓여 있었다.

마침 뭐 부탁할 일이라도 있나 싶어서 찾아온 여주인에게 엘라는 이 방을 자기가 쓰고 싶다고 했다. 그리고 책이 마음에 들어서 읽고 싶은데 괜찮겠냐고 물었다. 여주인은 흔쾌히 허락하면서 사실 젊은 신사는 문학을 하는 시인이라고 했다. 그리 유명하지는 않지만 그래도 이름은 조금 알려져서 시만 쓰면서 살 수 있을 정도는 된다고 말했다. 엘라는 이 방을 쓰던 사람이 시인이라는 사실에 놀라면서 책 한 권을 집어 들고는 지은이가 누군지 살펴봤다. 그녀는 깜짝 놀라며 말했다.

"어머나! 로버트 트리위라면 저도 알고 있는 시를 쓴 분이네요. 이 방을 그 분이 쓰고 계셨다니, 그럼 우리가 그분을 쫓아낸 셈이군요."

잠시 후 엘라는 트리위와의 인연을 생각하고 있었다. 너무나 뜻밖의 일이라서 그녀는 그저 놀랍기만 했다. 불우한 문인의 외동딸로 자란 그녀는 최근에 자신을 둘러싼 고통스런 감정들을 시를 쓰면서 풀고 있었다. 결혼 후에 아이를 낳고 가정을 돌보며 평범하게 살아가던 그녀는 우울함을 이겨 내려고 시를 썼던 것이다.

예전의 명석함이나 뛰어난 영감은 사라졌지만 그녀의 시는 '존 아이비'라는 남자 필명으로 잡지에 몇 번 실린 적이 있었다. 그녀의 시가 실렸을 때 공교롭게 로버트 트리위의 시도 함께 실렸다. 두 사람은 당시 신문에 실린 비극적인 사건을 보고 동시에 시를 썼던 것이다. 편집자는 두 사람의 시가 우연히 일치했다면서 둘 다 훌륭한 작품이라고 평가했다. 그녀는 그 일 이후로 트리위의 시에 관심을 갖게 되었다.

트리위의 시는 세련되거나 기발하기보다는 정열적이고 감성적이었으며, 약간의 염세주의도 묻어나서 다른 작품들과는 차원이 달랐다. 그는 형식과 운율만 앞세운 시에 대해서는 전혀 매력을 못 느꼈기 때문에 가끔씩 예술적 형식을 벗어난 시를 써서 문학비평가들로부터 지적을 받곤 했다. 엘라는 트리위를 선의의 경쟁자로 생각하고 질투심에 그의 작품을 수도 없이 읽었다. 보잘것없는 자신의 작품과 비교할수록 그의 시가 얼마나 훌륭한지 새삼 깨닫곤 했다. 흉내를 내 보려고 했지만 소용없다는 걸 알고는 절망과 슬픔에 빠지기도 했다.

얼마 후에 그녀는 트리위가 그동안 발표했던 시를 모아서 한 권의 시집으로 출간할 예정이라는 소식을 출판사 광고를 통해 알게 되었다. 시집은 곧 출간되었고, 괜찮은 평판을 얻으면서 어느 정도 팔렸다. 이에 자극받은 그녀는 부족하지만 지금까지 발표된 시와 미공개 작품들을 모두 모아서 엄청난 비용을 들여 시집을 출간했다. 하지만 몇 군데 잡지만이 그녀의 시집에 대해 언급했을 뿐 거의 팔리지 않고, 금방 잊혔다.

다행스럽게도 그녀는 그 무렵에 셋째 아이를 가지면서 관심을 다른 곳으로 돌릴 수 있었고, 집안에 별 걱정거리도 없어서 큰 고통 없이 지나갈 수 있었다. 그녀는 대단한 시인은 아니었지만 종족 보존의 역할만 담당하는 여자도 아니었다. 엘라는 최근에 자신의 시적 영감이 다시 살아나고 있다는 것을 느끼고 있었는데, 마침 우연히 트리위의 방에 묵게 된 것이었다.

3.

　그녀는 동료 시인으로서 갖는 흥미로 방 안 여기저기를 살펴보면서 깊은 생각에 잠겼다. 많은 책 사이로 트리위의 시집이 보이자 그녀는 새로운 느낌으로 다시 읽어 보았다. 그리고 별일 아니라는 듯이 여주인에게 젊은 시인에 대해 이것저것 물어봤다. 여주인은 낯을 가리는 편이라 어떨지 모르겠지만 재미있는 분이니 한 번 만나보라고 대답했다. 그리고 젊은 신사에 대한 호기심을 풀어 주는 걸 기뻐하면서 그에 대해 자세히 알려줬다.

　건강상의 이유로 이곳에 온 지는 2년 정도 되었고, 주로 책을 읽거나 글을 쓰면서 시간을 보내며, 다른 사람들과 어울리는 걸 별로 좋아하지 않는다고 했다. 하지만 친절하고 성품이 좋은 사람이라 누구든지 한 번 만나보면 친하게 지내고 싶을 거라고 했다. 그날 이후로 엘라와 여주인은 기회가 있을 때마다 젊은 시인에 대해 시시콜콜한 얘기를 나누었다.

　어느 날 두 사람이 트리위 얘기를 하고 있을 때 여주인은 침대 뒤의 커튼 안쪽 벽지에 연필로 끄적거린 글씨를 보여 주었다. 엘라는 애정 넘치는 호기심으로 벽에 얼굴을 가까이 대고는 자세히 살펴봤다. 여주인은 그 낙서가 작품의 출발이 되는 시상을 메모한 것이라고 했다. 엘라는 뭐라 말할 수 없는 개인적인 호기심이 발동해서 그 글을 혼자서 읽고 싶은 마음에 여주인이 그만 나가 주기를 바랐다. 그녀는 설렘과 기대 속에서 혼자가 될 때를 기다렸다.

마치밀은 혼자 배를 타고 바다로 나가 기분 전환하는 걸 즐겼고, 엘라는 해수욕과 바닷가 산책을 하면서 단순하게 지냈다. 하지만 그녀 안에서는 시적인 충동이 강하게 샘솟고 있었다. 그녀는 열정이 넘쳐서 살짝 흥분한 상태였기 때문에 주변에서 일어나는 일에 대해서는 거의 관심이 없었다. 그녀는 트리위의 시집을 거의 다 외우면서 그에 견줄 만한 작품을 써 보려고 노력했다. 하지만 결국 능력이 부족하다는 걸 실감하고는 울음을 터뜨렸다. 가까이 하기엔 너무 먼 스승에게는 사람을 끄는 묘한 힘이 있었다.

그런데 그 매력이 개인적인 이유 때문이라는 것에 그녀는 의아한 생각이 들었다. 엘라 자신은 이해하지 못했지만 트리위는 그녀의 벅찬 감정을 쏟아 부을 첫 번째 대상이었던 것이다. 문명이 만들어 낸 결혼 제도 하에서 엘라와 마치밀의 사랑은 가끔씩 변덕을 부리는 우정 같은 것이었다. 하지만 그녀는 뜨거운 열정을 품은 사람이었고, 그 마음을 표현할 곳을 찾고 있었으며, 운명이 그 마음에 불을 지핀 것이었다.

어느 날 아이들이 숨바꼭질을 하고 놀다가 벽장 안에 있던 트리위 씨의 옷을 모두 끄집어내서 어지럽혀 놓았다. 여주인은 이러면 안 된다고 주의를 주고는 옷을 다시 벽장에 정리해 두었다. 그날 오후 호기심이 발동한 엘라는 아무도 없을 때 벽장에 걸려 있던 레인코트를 입어 보았다. 그녀는 코트를 입은 자신에게도 천재적인 영감이 떠올라서 그와 겨뤄 볼 수 있으면 좋겠다는 상상을 했다. 하지만 거울 앞에 서 있는 초라한 자신의 모습을 보면서 눈물을 흘렸다. 그런데 갑자기 남편이 들어와서 뭐하고 있냐고 물었다. 그녀는 얼굴을 붉히면서 급히 코트를 벗고는 장난삼아 한 번 입어 봤다며 얼버무렸다.

그날 밤에 엘라와 여주인은 다시 젊은 시인에 대한 이야기를 주고받았다. 그러던 중에 여주인은 조금 전에 그에게서 연락이 왔는데, 내일 오후에 필요한 책을 가지러 잠깐 들러도 되겠냐고 물어봤다고 했다. 그녀는 묘한 감정이 들면서 괜찮다고 했다. 그리고 그를 만날 생각을 하면서 잠자리에 들었다. 다음 날 아침에 남편이 먼저 말을 걸었다.

"어제 당신이 자기를 내버려 두고 혼자 돌아다닌다고 한 말을 곰곰이 생각해 봤어요. 당신 말이 맞는 것 같으니 오늘은 함께 보트를 타러 가는 게 어때요?"

남편의 이런 제안이 기쁘지 않은 건 처음이었다. 그녀는 어쩔 수 없이 승낙을 하고는 출발 시간에 맞춰 나갈 준비를 했다. 하지만 멍하니 생각에 잠겨 있다가 시인을 만나고 싶다는 욕망이 솟구쳐 오르는 걸 느꼈다. 그래서 남편에게 보트를 타러 가지 않겠다고 말했고, 남편은 상관없다는 듯이 혼자서 가 버렸다. 아이들도 모두 나가고 없는 조용한 집에서 더디 가는 시간을 보내고 있을 때 여주인이 찾아왔다. 그리고 트리워 씨가 갑자기 책이 필요 없어져서 못 온다는 쪽지를 보내 왔다고 말했다. 엘라는 너무 실망해서 눈물을 보였다.

　다음 날 엘라는 부끄러움을 무릅쓰고 여주인에게 젊은 시인의 사진이 있는지 물었다. 여주인은 침실 벽난로 위에 있는 액자 그림 뒤에 끼워져 있다고 대답했다. 엘라가 어떻게 생겼는지, 나이는 몇 살이나 되었는지 물었더니 여주인이 아는 대로 대답해 주었다. 그때 마침 전보가 왔는데, 남편이 친구들과 요트를 타다가 너무 멀리까지 가서 내일이나 돌아오겠다는 내용이었다. 엘라는 아이들을 모두 재우고 밤에 혼자서 액자 속의 사진을 볼 생각에 살짝 흥분이 되었다.

　밤이 되어 꺼내 본 트리위의 사진은 가슴을 두근거리게 만들었다. 크고 날카로우면서도 우수에 찬 듯한 눈과 멋진 콧수염과 턱수염을 가진 얼굴이 거기에 있었다. 그녀는 사진을 보면서 눈물을 흘리다가 입술을 사진에 살짝 댔다가 떼고는 이상한 웃음소리를 내면서 눈물을 닦았다. 그리고 세 아이를 가진 엄마가 본 적도 없고 잘 알지도 못하는 남자에게 이렇게 마음이 끌리는 게 무서운 일이란 생각이 들었다. 하지만 한편으로는 트리위가 남편과 달리 자신의 모든 것을 이해해 주는 사람이란 생각도 들었다. 그러면서 이렇게 중얼거렸다.

　'한 번도 만나 본 적은 없지만, 이 사람이 더 가까운 사람, 아니 내게 더 진실한 사람이 아닐까?'

　엘라는 트리위의 시집을 꺼내 연필로 표시해 둔 시를 다시 한 번 읽어 보고, 시집과 사진을 침대 위에 나란히 세워 놓고는 옆으로 누워서 가만히 쳐다봤다. 그녀는 시인의 다정하고 따뜻한 숨결을 느끼면서 달콤한 키스를 나누는 장면을 떠올렸다. 시간이 가는 줄도 모르고 시인의 영혼에 흠뻑 취해 있을 때 갑자기 남편이 자기를 부르는 소리를 들었다. 그녀는 자신의 환상을 남편에게 설명해도 모르고, 남편이 알아서 좋을 게 하나도 없다는 생각에 재빨리 사진을 베개 밑으로 숨겼다. 거의 동시에 남편이 들이닥쳤다. 남편은 술이 거하게 취해서 잠을 깨운 건 아니냐고 물었다. 그녀는 당황하지 않고 괜찮다고 대답했다. 남편이 이상한 듯 물었다.

"어디 불편해 보이는데?"

"아니에요. 그냥 조금 우울할 뿐이에요. 별것 아니니 신경 쓰지 말아요."

그녀가 대답하자 그는 그녀에게 키스를 하며 말했다.

"오늘 밤은 당신과 함께 보내고 싶었소."

4.

다음 날 아침 마치밀은 잠에서 깨자마자 투덜거리면서 베개 밑에서 바스락거리는 게 뭐냐고 물었다. 잠깐 뒤적거리더니 사진을 꺼내 들고는 처음 보는 얼굴인데, 이게 여기 왜 있느냐고 따졌다. 엘라는 자기가 어제 본 사진이라고 대답했다. 그리고 떨리는 목소리로 설명했다.

"아주 훌륭한 시인이에요. 아직 한 번도 본 적은 없지만 이 방을 쓰던 사람이래요."

"그걸 어떻게 그리 잘 알아? 본 적도 없다면서!"

"어제 주인 아주머니가 사진을 보여 주면서 말했어요."

"자, 그럼 난 가 봐야겠소. 오늘은 좀 일찍 올 테니 아이들 잘 보고 있어요."

그날 엘라가 여주인에게 트리위 씨가 언제쯤 다시 오냐고 물었더니 일주일 후에 와서 근처 친구 집에 며칠 있을 거라고 대답했다. 그런데 마치밀이 돌아와서는 예정보다 일찍 떠나자고 말했다. 엘라는 갑자기 3일 후에 떠나는 게 아쉬워서 예정대로 있다가 가면 안 되겠냐고 사정했다.

"전 이곳이 너무 마음에 들어요."

"난 아니에요. 이제 싫증도 나기 시작했고."

"그럼 당신만 혼자 돌아가는 건 어때요?"

"당신답지 않게 왜 쓸데없는 고집을 부리는 거요? 내가 다시 데리러 오는 것도 힘들고 하니 함께 갑시다. 다음에 다른 곳에 또 가면 되잖아요."

그녀는 처음에는 시적 재능이 부러웠고, 이제는 애정을 느끼는 그 남자를 만나지 못하는 게 숙명처럼 다가왔다. 하지만 끝까지 노력해 보고 싶어서 그녀는 여주인에게 캐물어서 트리위가 어디 있는지 알아내고는 그곳을 찾아가 봤다. 하지만 결과는 허무하기만 했다. 사람들에게 시인에 대해 물었더니 다들 모른다는 대답뿐이었다.

드디어 돌아갈 날이 되었을 때 뜻밖에도 남편은 가고 싶지 않다면 주말까지 머물러도 좋다고 했다. 그녀는 속으로만 기뻐하면서 겉으로는 드러내지 않았다. 그리고 마치밀은 혼자서 떠났다. 트리위는 끝내 오지 않았고, 그녀는 체념하고는 그곳을 떠났다. 돌아오는 길에 그녀는 복잡한 마음을 달래 보려고 책을 펼쳤지만 눈물만 흐를 뿐이었다.

마치밀의 사업은 잘 풀려서 그의 가족은 교외의 대저택으로 이사했다. 엘라는 쓸쓸함을 달래기 위해 대부분의 시간을 글 쓰는 데 몰두했다. 그녀는 얼마 후에 트리위의 신작이 잡지에 실린 것을 봤다. 엘라는 충동적으로 존 아이비 이름으로 축하 편지를 보냈다. 동료 시인이 극찬을 하는 내용이었다. 뜻밖에도 트리위는 답장을 보내서 앞으로 서로의 작품에 관심을 갖고 친하게 지내자고 했다. 이렇게 시작된 편지는 두 달 정도 이어졌다.

엘라는 트리위를 한 번만 만나보고 싶은 욕망에 사로잡혔다. 그러던 어느 날 지역 신문의 편집장과 부부 동반으로 식사를 하게 되었는데, 대화 도중에 우연히 트리위 얘기가 나왔다. 편집장은 화가인 자기 동생과 그가 친구라면서 지금 둘이서 여행 중이라고 했다. 엘라는 안면이 있던 화가에게 편지를 보내서 여행에서 돌아오는 길에 트리위 씨와 함께 자기 집에서 며칠 쉬다 가라며 초대했다. 화가는 며칠 후 답장을 보내 다음 주에 방문하겠다고 했다.

엘라는 사모하던 사람을 드디어 만나게 되었다는 사실에 기뻐서 어쩔 줄 몰랐다. 그녀는 만반의 준비를 마치고 기다렸고, 드디어 운명의 날이 되었다. 오후 늦게 화가가 방문했다. 그런데 트리위는 없었다. 화가는 트리위가 이상한 사람이라면서 갑자기 마음이 변해서 그냥 집으로 갔다고 했다. 어제 발간된 평론지에서 그의 작품이 너무 에로틱하고 감정적이라는 혹평이 실린 것을 보고는 우울해졌다고 했다. 그리고 자기만의 세계에 갇혀 살다 보니 평론가들의 왜곡이나 날조된 평가에 큰 상처를 받은 것 같다고도 했다.

엘라는 화가에게 트리위가 존 아이비에 대해서 어떻게 생각하고 있는지 물었다. 화가는 트리위가 별로 관심이 없는 것 같다고 대답했다. 엘라는 트리위가 자기에게 전혀 흥미가 없다는 걸 깨닫고는 불편함과 혐오감을 씻어 내려고 아이들에게 달려가 키스를 퍼부었다. 화가와 남편은 엘라가 기다렸던 사람은 트리위라는 걸 눈치 채지 못하고 담소를 나누었다.

5.

화가가 떠나고 며칠 뒤에 그녀는 거실에서 신문을 보다가 놀라운 기사를 접했다. 트리위가 자신의 숙소에서 권총으로 자살을 했다는 내용이었다. 죽은 트리위 옆에 혹평이 실린 잡지가 있었고, 그 글을 보고 그가 매우 우울해했다는 주변 사람들의 증언도 함께 소개하면서 자살 이유를 추측하고 있었다. 신문에는 수사 상황과 함께 그가 친구에게 남겼다는 유서도 소개되었다.

거기에는 하나님이 자신에게 다정한 여인을 보내줬다면 좀 더 살아야 할 이유를 찾았을지도 모른다는 그의 말과 함께 그가 현실 속에서 찾을 수 없는 한 여인을 동경해 왔다는 내용이 있었다. 그리고 손에 잡히지도 않는 그 여인이 자신의 마지막 시집에 영감을 불어넣어 주었다는 내용도 담겨 있었다.

엘라는 망치로 머리를 한 대 맞은 것처럼 멍하게 있다가 침대로 달려가 쓰러졌다. 그녀는 미칠 것처럼 처참한 고통에 숨도 제대로 못 쉴 정도로 울부짖었다. 그리고 자신이 그를 한 번만이라도 만났다면, 얼마나 그를 사랑하는지 말했더라면, 그를 위해서 죽음까지도 기쁘게 감수할 수 있다는 걸 알려줬다면 소중한 목숨을 건졌을 거라면서 한탄했다. 하지만 금방 마음이 바뀌어서 아니라고, 이젠 다 틀렸다고, 신이 자신에게 그런 행복을 허락할 리가 없다면서 자책했다.

모든 꿈은 사라지고 그를 만날 희망조차 완전히 없어졌다. 하지만 현실에서는 이루어질 수 없다고 해도 엘라의 환상 속에서 그는 늘 숨 쉬고 있었다. 그녀는 다른 이름으로 여주인에게 편지를 보내서 마치 밀 부인이 젊은 시인이 죽었다는 기사를 봤다는 것, 부인이 거기에 머무는 동안 트리위 씨에게 큰 호감을 가졌다는 것, 그래서 그가 묻히기 전에 머리카락이라도 조금 얻어서 고이 간직하고 싶으니 액자 사진과 함께 보내주면 좋겠다는 뜻을 전했다.

엘라는 사진을 받아서 서랍 속에 보관했고, 머리카락은 하얀 리본에 묶어서 품에 간직했다. 그리고 아무도 없을 때 가끔씩 꺼내서 입을 맞추곤 했다. 어느 날 아침에 신문을 보던 남편이 그 모습을 보고는 누구 머리카락이냐고 물었다. 그녀는 지금은 얘기하고 싶지 않다고 대답했다. 남편이 화를 내자 그녀는 나중에 자세히 얘기해 주겠다면서 미안하다고 했다.

그는 상관없다는 듯 출근했다. 하지만 회사에 도착했을 때 뭔가 이상한 생각이 떠올랐다. 그도 잠시 머물렀던 그 집에서 자살 사건이 일어난 걸 알고 있었다. 그리고 요즘 아내의 이상한 행동들과 그곳에 있을 때 여주인이 트리위에 대해 얘기하던 것들이 기억났다. 그는 갑자기 상기된 얼굴로 중얼거렸다.

"그래, 바로 그 녀석이군. 도대체 두 사람은 어떻게 알게 된 걸까? 여자란 정말 교활한 것들이야!"

그는 신경을 쓰지 않기로 마음먹고 차분하게 일에 집중했다.

집에 있던 엘라는 트리위의 장례식에 참석하고 싶은 마음뿐이었다. 그래서 다른 사람들의 눈은 더 이상 신경 쓰지 않겠다는 생각으로 남편에게 내일 돌아오겠다는 간단한 쪽지를 남기고 서둘러 떠났다. 마치 밀은 집에 돌아와 쪽지를 보고는 하인들에게 어디로 가는지 알리지도 않고 집을 나섰다. 그녀는 완행을 탔지만 그는 급행열차를 타서 그녀보다 조금 늦은 시간에 소렌트 시에 도착했다. 그는 길을 물어 묘지를 찾아갔다. 잠시 후에 묘지 앞에서 웅크리고 있는 엘라를 발견했다. 그는 화가 나서 말했다.

"어떻게 이런 바보 같은 짓을 한단 말이오? 아이들이 세 명이나 있고, 곧 넷째가 태어날 텐데 죽은 애인에게 정신을 빼앗기다니! 여기 문도 닫혔는데, 밤새 여기 있을 생각이었소?"

그녀는 아무 대답도 없었다.

"혹시나 해서 물어보는데, 그 사람과는 무슨 관계였소?"

"제발 저를 그런 식으로 모욕하지 말아요."

"명심해요. 난 더 이상은 이렇게 두고 보지는 않을 거요!"

"알았어요."

그녀가 대답했다.

마치밀은 아내를 끌고 얼른 밖으로 나갔다. 그날은 늦어서 돌아갈 수도 없었고, 사람들에게 이런 모습을 보이고 싶지도 않아서 기차역 근처 찻집에서 밤을 샜다. 그리고 다음 날 아침 일찍 그곳을 떠났다. 그는 결혼생활을 하다 보면 생길 수 있는 고통의 하나라고 생각하면서 오는 길에 한 마디도 하지 않았다. 그들은 정오쯤에 집에 도착했다.

6.

몇 달이 지났다. 그들은 그 일을 입 밖으로 꺼내지 않았다. 엘라는 종종 넋이 나가서 무기력하게 축 처져 있는 모습을 보였다. 그녀는 네 번째 해산의 고통이 가까워지고 있었지만 기운을 차리지 못하고 있었다. 엘라는 아무래도 이번에는 힘들 것 같다면서 왠지 예감이 좋지 않다고 말했다. 마치밀은 자기도 있으니 너무 걱정하지 말라고 했다. 불길한 예감일수록 잘 들어맞듯이 엘라는 출산을 하고 급격히 건강이 나빠졌다. 그녀는 숨을 거두기 전에 남편에게 조용히 얘기했다.

"당신에게 소렌트 시에 갔을 때의 일을 솔직하게 말하고 싶어요. 뭔가에 홀렸는지 살짝 미쳤나 봐요. 나는 당신이 날 무시하는 것 같아서 애인을 원했다기보다는 나를 이해해 주는 사람이 필요했어요."

그녀는 더 이상 말을 할 수 없었고, 결국 시인과의 관계에 대해서는 말하지 못하고 죽고 말았다. 마치밀은 결혼한 지 몇 년이 지난 남편들처럼 지난 일을 새삼스레 질투하지 않았다. 그리고 이미 죽은 사람과의 일을 고백하라고 강요하는 것도 웃긴 일이었다.

아내가 죽고 나서 2년 정도 지났을 때 재혼할 여인을 맞이하려고 짐 정리를 하다가 마치밀은 우연히 죽은 시인의 사진과 리본에 묶인 그의 머리카락을 발견했다. 사진 뒤에는 아내가 쓴 것으로 보이는 날짜가 적혀 있었는데, 소렌트 시에서 여름을 보냈던 그때였다. 마치밀은 가만히 생각을 정리하다가 아장거리며 걷고 있던 막내를 데려와서 무릎에 앉혔다. 마치밀은 사진 속의 얼굴과 아이의 얼굴을 자세히 보고 또 봤다. 설명하기 어려운 운명의 장난일까? 그 아이는 엘라가 한 번도 만나지 못한 그 남자와 꼭 닮아 있었다. 꿈을 꾸는 듯한 독특한 표정뿐만 아니라 머리카락까지 비슷했다. 마치밀은 넋이 나간 사람처럼 중얼거렸다.

"이런 일이 생기다니! 과연 짐작했던 대로야. 그러니까 그때 그놈하고 놀아난 거로군! 휴가를 간 게 8월이고, 태어난 게 이듬 해 5월이니 틀림없어. 이런 빌어먹을…저리 가! 나와 아무 상관도 없는 녀석아!"

토론해 봅시다

주제 1. 엘라는 왜 트리위를 동경했을까요?

주제 2. 누군가를 짝사랑하거나 동경하는 것은 옳은가요?

부록

이 책의 활용 방법

이 책은 현장 중심의 독서토론 실천을 위해 텍스트와 질문으로 구성되었다. 핵심 주제를 간단히 소개하고 토론 수업을 위한 전용 텍스트와 토의식 토론을 위한 질문, 찬반 하브루타를 위한 질문을 담았다.

텍스트는 '재미와 감동을 위해 원작을 충실히 반영한다.'는 점과 '학생들이 정해진 수업 시간에 읽을 수 있어야 한다.'는 점을 고려해서 주제를 중심으로 스토리가 자연스럽게 연결되도록 편집하여 구성했다. 예를 들어 20부작 드라마의 2시간짜리 극장판 편집 버전이라고 생각하면 이해하기 쉽다.

독서토론용 텍스트를 수업용으로 편집하다 보니 '편집'의 중요성에 대한 전문가들의 말에도 자연스레 눈길이 갔다. 애플의 CEO였던 스티브 잡스는 2010년 「D : 디지털의 모든 것」 컨퍼런스에서 "민주주의에는 자유롭고 건강한 언론이 중요하므로 뉴스를 모으고 편집하는 편집자가 과거 어느 때보다도 중요한 세상이 되었다."고 말했다.

「에디톨로지」(Editology, 편집학)의 저자 김정운 교수는 "창조는 모두 편집이다. 해 아래 새로운 것은 하나도 없다. 모두 기존에 있는 것이 새롭게 편집되었을 뿐이다. 누구나 언제든지 필요한 지식과 정보를 얻을 수 있는 21세기에는 편집자가 권력을 가진 세상이 되었다. 이 엄청난 변화를 읽어 낼 수 있어야 한다."고 말했다.

「브리꼴레르」(Bricoleur, 융합형 인재)의 저자 유영만 교수는 "세상의 모든 창조는 편집이다. 아이디어란 남의 것 대부분에 내 것을 약간

섞는 것이다. 미래는 지식 편집 능력이 중요하다. 이미지, 메시지, 오디오, 비디오 등 4가지 지식을 자신의 목적에 맞게 잘 편집하면 새로운 의미가 탄생한다. 새로운 의미에 남들이 주목하면 그것이 바로 '의미 심장'이다."라고 말했다.

즉 21세기는 편집을 통한 새로운 창조의 시대인 것이다. 이 책을 편집하면서 에디톨로지를 바탕으로 브리꼴레르의 모습에 충실하려고 노력했다.

각 텍스트는 40~50분 수업을 기준으로 1교시나 2교시 중에서 어떤 방식으로 수업을 진행하든 유용하게 쓸 수 있다. 예를 들어 1교시(45분)로 수업을 진행한다면 5분 정도 오프닝 스폿을 하고, 10분 정도 텍스트를 역할극으로 낭독하며, 25분 정도 독서토론을 하고, 5분 정도 클로징으로 소감 나누기를 하면 된다.

2교시(90분)로 수업을 진행한다면 1교시에 10분 정도 오프닝 스폿을 하고, 10분 정도 텍스트를 역할극으로 낭독하며, 25분 정도 독서토론을 한다. 2교시에 10분 정도 자유토론을 하고, 25분 정도 독서활동(인터뷰, 만들기, 게임, 발표 등)을 하며, 10분 정도 클로징으로 소감 나누기를 하면 된다.

여기서는 한국형 하브루타 'ZINBOOK 7키워드 독서토론'과 '1:1 찬반 하브루타' 방식을 소개하였다.

7키워드를 활용한 토의식 토론

'7키워드 독서토론'은 협의가 필요한 주제를 위한 토의식 독서토론 방식으로서 참여한 사람들의 생각과 말을 이끌어 내는 데 도움이 되는 7키워드, 즉 낭독, 경험, 재미, 궁금, 중요, 메시지, 필사로 책에 대해 이야기를 나누는 것이다.

구체적인 프로세스는 다음과 같다.

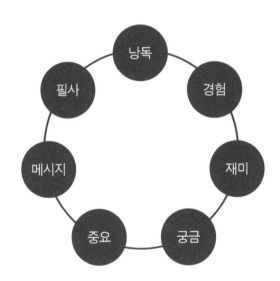

낭독

텍스트를 역할극(라디오극)으로 '낭독'하는 이유는 각자 묵독을 하면 재미도 없고, 읽는 시간의 차이도 있으며, 집중하지 않는 사람도 있기 때문이다. 문학 작품이라면 해설과 주인공, 조연, 출연진 등으로 나누어서 재미있고 생동감 넘치게 읽으면 되고, 비문학 작품이라면 적절하게 분량을 나눠서 다큐멘터리의 해설자가 된 것처럼 차분하면서도 편안한 목소리로 설명하듯이 읽으면 된다. 만약 목소리의 변조나 성대모사 등 개인기가 있는 사람은 마음껏 기량을 뽐내도 되고, 연기 욕심이 있는 사람도 자신 있게 끼를 발산하면 된다. '낭독'을 하고 나서 각 역할에 대한 느낌을 돌아가면서 이야기를 나눈다. 이때 독서토론 전용 도구인 '토킹스틱'을 활용하면 좋다.

만약에 학생들이 적극적이고 열성적으로 독서토론에 참여하고자 하는 의지가 강해서 미리 텍스트나 책을 읽고 온다면 '낭독'은 다르게 진행한다. 모든 내용을 다시 한 번 읽기보다는 토론하는 시간을 많이 가지는 것이 좋기 때문에 책을 읽으면서 다른 사람에게 소리 내어 읽어 주고 싶은 부분(문장이나 대사)을 하나 정한다. 그리고 한 사람씩 돌아가면서 선택한 부분에 대해 세 가지의 이야기를 나눈다.

첫째, 몇 페이지, 몇째 줄의 어떤 '내용'인지를 소리 내어 읽는다. 둘째, 왜 그 부분을 낭독하고 싶은지 '이유'를 설명한다. 셋째, 소리 내어 읽으니 어떤 '느낌'이 드는지 말한다.

경험

텍스트의 내용과 관련해 직간접으로 경험한 것이나 주인공과 비슷한 경험에 대해 돌아가면서 얘기하는 것이다. 보통 독서토론을 할 때

책의 주제나 중요한 내용, 작가의 메시지에 대한 이야기부터 먼저 시작하는 경우가 많다. 독서토론이 익숙하지 않거나 책의 내용을 잘 이해하지 못한 사람은 어렵게 느껴지면서 머리가 아플 수도 있다. 그러므로 본격적인 독서토론을 하기에 앞서서 워밍업을 한다는 생각으로 '낭독'을 하고 나서 '경험'을 나누는 것이 좋다. 고급 음식점에 갔을 때 메인 요리를 먹기 전에 애피타이저로 샐러드를 먹는 것처럼 말이다.

재미

책을 읽고 나서 재미있었던 부분에 대해 이야기를 나누는 것이다. '재미'는 웃기는 부분이라고 할 수 있는데, 좀 더 범위를 확장해서 신기하거나 독특하면서도 참신한 표현도 해당된다. 독서토론을 해 보면 책 속에서 '재미'있는 부분을 찾아내기 어려워한다. 책뿐만 아니라 일상에서도 '재미'를 발견하기 어렵기 때문이라고 생각한다. 독서토론을 억지로 시켜서 하는 것이 아니라 즐겁고 행복하기 위해서 하는 것이므로 좀 더 적극적으로 재미있는 부분을 찾아보는 것이 좋다.

궁금

책을 읽고 나서 의문이 들었던 부분에 대해 이야기를 나누는 것이다. '궁금'한 부분으로 질문을 만들게 되면 책을 능동적이고 적극적으로 읽게 된다. 그리고 하브루타가 질문과 대화, 토론, 논쟁으로 수준을 높여 나가는 것이라고 했을 때 가장 기본이 되는 '질문'에 익숙해지는 방법이기도 하다. 토론 지도자는 참여자들이 빠짐없이 질문을 만들 수 있도록 유도하고, 하나씩 얘기하는 질문들을 메모해 두었다가 자유토론 시간에 궁금증을 해결한다.

중요

책을 읽고 나서 개인적으로 중요하게 생각했던 부분에 대해 이야기를 나누는 것이다. 책을 읽고 중요하게 여기는 부분은 사람에 따라 다를 수 있다. 그리고 언제, 어디서, 어떤 상황에서 읽었느냐에 따라서도 달라진다. 같은 책을 나중에 시간이 지나고 나서 다시 읽었을 때도 마찬가지다. 살아오면서 보고, 듣고, 체험한 경험으로 형성된 배경지식이 다르기 때문이다.

메시지

작가가 책을 읽는 사람에게 전달하고자 하는 것이 무엇인지에 대해 이야기를 나누는 것이다. '중요'와 다른 점은 '나'뿐만 아니라 다른 사람도 중요하게 생각할 만한 부분이라는 것이다. 학교에서 수업 시간에 많이 접하는 부분이라 그리 어렵지 않게 얘기할 수 있다. 그런데 선생님을 통해 주입식으로 암기한 메시지는 금방 잊어버리지만 독서토론을 통해 생각하면서 이해한 메시지는 오랫동안 기억에 남는다. 이런 것이 바로 독서토론의 또 다른 효과다.

필사

책을 읽으면서 베껴 쓰고 싶은 부분에 대해 이야기를 나누는 것이다. 책을 읽으면서 노트나 연습장에 옮겨 적고 싶은 부분(문장이나 대사)을 하나 정한다. 그리고 천천히 또박또박 필사하면서 문장을 통해 전하고자 하는 작가의 메시지를 음미해 본다. 필사를 마친 후에 한 사람씩 돌아가면서 선택한 부분에 대해 세 가지의 이야기를 나눈다.

첫째, 몇 페이지, 몇째 줄의 어떤 '내용'인지를 소리 내어 읽는다. 둘째, 왜 그 부분을 필사하고 싶은지 '이유'를 설명한다. 셋째, 필사하고 나니 어떤 '느낌'이 드는지 말한다. '낭독'이 소리 내어 읽어 주고 싶은 부분에 대한 토론이라면 '필사'는 베껴 쓰고 싶은 부분에 대한 토론이다.

이렇게 7키워드 독서토론을 모두 하고 나서 보너스로 '글쓰기'를 하는 것이 좋다. '글쓰기'를 맨 마지막에 선택 사항으로 넣은 것은 대부분 일기와 독후감으로 대표되는 숙제형 쓰기에 대한 '좋지 않은 추억?'이 있기 때문이다. 그래서 독서토론이 조금 익숙해지거나 쓰고 싶은 마음이 생겼을 때 글쓰기를 하는 것이 좋다. 글쓰기는 '비판적 글쓰기'로 한다. '비판적 글쓰기'란 비난하거나 평가하는 글쓰기가 아니라 '작가의 생각에 대해서 자신의 생각을 밝히는 글쓰기'를 의미한다.

독서토론을 통해서 말하기·듣기·읽기·쓰기 등 기본적인 의사소통과 언어 사용 능력을 고르게 향상시킬 수 있는데, 그 중에서도 가장 눈에 띄게 성장하는 부분이 '글쓰기'다. 글을 잘 쓰려면 방법과 기술도 중요하지만 더 중요한 것은 바로 '글감(콘텐츠)'이다. '독서토론'은 좋은 글감을 만드는 데 가장 효과적인 방법이다. 예를 들어 어떤 주제로 6명이 한 팀이 되어 독서토론을 하면 자신의 생각만이 아니라 다른 사람의 생각까지 듣기 때문에 7키워드 곱하기 6명이니 총 42가지의 글감을 확보하게 된다. 게다가 글의 분량만 늘어나는 것이 아니라 좋은 콘텐츠를 많이 확보했기 때문에 글의 내용도 알차진다.

7키워드 독서토론의 예 : 「노끈 한 오라기」

1. 책의 내용과 관련해 비슷한 경험을 한 적이 있나요?
   – 억울했던 경험, 오해를 받은 경우,
       다른 사람들이 내 말을 믿어 주지 않았던 경험,
       다른 사람을 억울하게 만든 경험 등
2. 가장 재미있거나 감동이 있었던 것은 무엇인가요?
3. 가장 궁금했던 것 혹은 이해가 되지 않은 부분은 무엇인가요?
4. 가장 중요하다고 생각했던 것은 무엇인가요?
5. 작가는 우리에게 무슨 얘기를 하고 싶었을까요?
6. 오슈코른 영감은 왜 자신의 결백을 끝까지 주장했을까요?
7. 사람들은 왜 오슈코른 영감의 말을 아무도 믿어 주지 않았을까요?
8. 만약 내가 오슈코른 영감이라면 어떻게 했을까요?

1:1 찬반 하브루타

'1:1 찬반 하브루타'는 찬반이 나누어진 주제를 위한 문제해결식 토론이다. 찬반이 나뉘는 토론 주제에 대해서 '찬반 → 스위칭(반찬) → 체인징(파트너) → 창의적 문제해결 방법(시트 작성) → 소감 나누기' 등으로 진행된다. 디베이트가 2사람 이상이 한 팀이 되어서 어느 한쪽 입장에서 다른 팀과 승패를 가리는 방식이라면, 하브루타는 2사람이 짝이 되어서 양쪽 모두의 입장에서 창의적인 문제해결 방법을 찾는 승승의 방식이다. 구체적인 프로세스는 다음과 같다.

토론 주제 정하기

우선 찬반이 나뉘는 토론 주제를 정한다. 주제를 정할 때는 기존의 다수 의견에 반하는 내용으로 정하는 것이 좋다. 예를 들어 자연개발과 자연보호에 대해 찬반 의견이 대립할 때 보호보다는 개발하자는 쪽이 다수다. 따라서 토론 주제는 '자연을 개발하는 것이 옳은가?'로 정한다. 자연개발이 옳다고 생각하면 '찬성', 자연개발이 옳지 않다(자연보호가 옳다)고 생각하면 '반대'가 된다.

찬반 입장 나누기

토론 주제가 정해졌다면 2사람이 짝을 지은 후에 찬성, 반대 입장을 나눈다. 찬반 입장이 자연스럽게 나뉜다면 그대로 시작하면 되고, 입장이 같다면 가위바위보를 하거나 어느 한 사람이 양보해서 찬반을 나누면 된다. 어차피 조금 있다가 상대방 입장에 서 보게 되므로 고집을 부릴 필요는 없다.

하브루타 유의 사항 알려 주기

1:1 하브루타를 하기 전에 유의 사항을 몇 가지 알려 주는 것이 좋다. 첫째, 흥분하거나 싸우지 않는다. 승패를 가리는 것이 아니라 승승을 추구하는 것이므로 차분하게 자신의 입장에서 논리적으로 상대방을 설득해야 한다. 둘째, 상대방의 의견이 훌륭하더라도 100% 인정하고 받아들이면 안 된다. 하브루타가 되려면 탁구경기에서 공이 왔다 갔다 하듯이 서로의 입장에서 말이 오고 가야 한다. 그런데 어느 한쪽이 상대방의 의견에 100% 동의해 버리면 더 이상 하브루타가 진행되지 않는다. 따라서 상대방의 말은 인정하더라도 그 속에서 논리적으로 반박거리를 찾아야 한다. 그래야 계속 하브루타를 이어 갈 수 있다.

1:1 찬반 하브루타 하기

이제 본격적으로 1:1 찬반 하브루타를 시작할 차례다. 먼저 5분 정도 시간을 주고 첫 번째 찬반 하브루타를 한다. 그리고 입장을 바꾼 후에 다시 5분 정도 시간을 주고 두 번째 찬반 하브루타를 한다(스위칭). 이번에는 상대를 바꿔서 짝을 이룬 후에 다시 5분 정도 시간을 주고 세 번째 찬반 하브루타를 한다(체인징). 이어서 입장을 바꾼 후에 다시

5분 정도 시간을 주고 네 번째 찬반 하브루타를 한다(스위칭2).

창의적 문제해결 방법 찾기

20분 정도 찬반, 반찬, 찬반, 반찬 등 짝을 바꿔 가면서 하브루타를 하고 난 후에 찬성과 반대의 입장을 종합적으로 고려해서 5분 정도 창의적 문제해결 방법을 찾아본다. 앞서 얘기했던 25분 정도 독서토론 시간을 그대로 하브루타에 적용하면 된다.

소감 나누기

끝으로 5분 정도 소감 나누기를 하면서 마무리한다.

'독서토론'은 어렵고 힘들다는 생각에 거리를 두는 학생이 많다. 하지만 '7키워드 독서토론'과 '1:1 찬반 하브루타'에 참여하면 누구나 재미있고 즐겁게 토론하면서 책 내용도 잘 습득할 수 있게 된다. 진로독서나 인성독서, 교과독서에 적용한다면 진로 설정과 인성 요소 함양, 교과 이해에 도움이 되므로 더욱 큰 효과가 기대된다.

1:1 찬반 하브루타의 예 : 「노끈 한 오라기」

찬성   오해를 풀려고 자신의 결백을 끝까지 설득하는 것이 옳은가?
반대   아니면 오해가 풀릴 때까지 침묵하는 것이 옳은가?

인성독서 계획안

■ 1회차

주제	신뢰	작품명	노끈 한 오라기
학습 목표	colspan:3	1. 「노끈 한 오라기」 텍스트를 읽고 인성 요소 중 '신뢰'에 대해 이해한다. 2. 7키워드 독서토론을 통해 '신뢰와 불신', '정직과 거짓', '오해와 진실' 등에 대해 자신의 의견을 말할 수 있다. 3. 독후 활동을 통해 '신뢰'의 중요성을 체감한다. 4. '나도 작가 되기-비판적 글쓰기' 활동으로 소개글을 써 볼 수 있다.		

학습 과정 (90분)		교수-학습 활동	자료
서론 (10분)	colspan:2	▶아이스 브레이킹(스팟, 퀴즈 등으로 마음 열기) ▶학습 목표 알려주기 ▶7키워드 독서토론 안내와 토론 규칙 알려주기	PPT, 유인물

본론
(70분)
	30분	▶「노끈 한 오라기」 7키워드 독서토론
		-텍스트 낭독
		  : 역할극
		-경험 나누기
		  : 오슈코른처럼 억울했던 경험이 있었나?
		-질문 나누기
		  : 재미, 궁금, 중요, 작가 메시지
		-필사하기
		  : 감명 깊었던 나만의 밑줄 긋기
			PPT,
			동영상,
			유인물,
			필기도구,
			모형 TV

240 독서토론을 위한 10분 책읽기

10분	휴식	
30분	▶관련 영상 보기 ▶「노끈 한 오라기」 1:1 찬반 하브루타 　-오해를 풀려고 자신의 결백을 끝까지 주장 　하는 것은 옳은가? ▶활동 　-TV, 책을 말하다 　: 책 소개하기	
결론 (10분)	▶나도 작가처럼 　: 소개글 쓰기 ▶오늘 수업한 느낌 나누기	PPT
나도 작가처럼	▶소개글 쓰기 　: 이 책을 소개하는 글을 써 보세요. 　-내가 붙이고 싶은 책 제목 붙이기 　-이 책의 특장점 　(권장 연령대, 간단한 줄거리, 토론했던 내용 등 활용)	

■ 2회차

주제	우정	작품명	헌신적인 친구
학습 목표			1. 「헌신적인 친구」 텍스트를 읽고 '우정'에 대해 이해한다. 2. 7키워드 독서토론을 통해 '참다운 우정', '친구 사이에 지켜야 할 예의' 등에 대해 자신의 의견을 말할 수 있다. 3. 독후 활동을 통해 '참다운 우정'의 중요성을 체감한다. 4. '나도 작가 되기-비판적 글쓰기' 활동으로 편지글을 쓸 수 있다.

학습 과정 (90분)		교수-학습 활동	자료
서론 (10분)		▶아이스 브레이킹(스폿, 퀴즈 등으로 마음 열기) ▶학습 목표 알려주기 ▶7키워드 독서토론 안내와 토론 규칙 알려주기	PPT, 유인물

본론
(70분)
	30분	▶「헌신적인 친구」 7키워드 독서토론
		-텍스트 낭독
		  : 역할극
		-경험 나누기
		  : 친구와 우정을 지키기 위해 노력해 본 경험
		-질문 나누기
		  : 재미, 궁금, 중요, 작가 메시지
		-필사하기
		  : 감명 깊었던 나만의 밑줄 긋기
			PPT,
			동영상,
			유인물,
			필기도구,
			편지지

10분	휴식	
30분	▶관련 영상 보기 ▶「헌신적인 친구」 1:1 찬반 하브루타 -두 사람의 우정에 대해서 다른 사람이 간섭하는 것은 옳은가? -친구를 위해 모든 희생을 감수하는 것이 옳은가? ▶활동 -편지 읽기	
결론 (10분)	▶나도 작가처럼 : 한스나 밀러에게 편지 쓰기 ▶오늘 수업한 느낌을 나눠 본다.	PPT

나도 작가처럼	▶편지글 쓰기
	 : 이 책의 주인공에게 편지를 써 보세요.
	  -편지를 쓰고 싶은 대상을 정한다.
	  (한스, 밀러)
	  -되도록 격려의 글, 긍정적인 내용으로 쓴다.
	  (토론했던 내용 활용)	

주제	인성	작품명	큰 바위 얼굴
학습 목표			1. 「큰 바위 얼굴」 텍스트를 읽고 '인성'에 대해 이해한다. 2. 7키워드 독서토론을 통해 '진정한 성공'이란 무엇인가?, '훌륭한 인품'은 어떻게 형성되는가? 등에 대해 자신의 의견을 말할 수 있다. 3. 독후 활동을 통해 '훌륭한 인품'을 갖추기 위해 어떤 노력을 기울여야 하는지 알 수 있다. 4. '나도 작가 되기-비판적 글쓰기' 활동으로 연설문을 써 볼 수 있다.

학습 과정 (90분)		교수–학습 활동	자료
서론 (10분)		▶아이스 브레이킹(스폿, 퀴즈 등으로 마음 열기) ▶학습 목표 알려주기 ▶7키워드 독서토론 안내와 토론 규칙 알려주기	PPT, 유인물
본론 (70분)	30분	▶「큰 바위 얼굴」 7키워드 독서토론 -텍스트 낭독 : 역할극 -경험 나누기 : 어니스트처럼 존경스러운 인물을 만나 본 경험이 있나? -질문 나누기 : 재미, 궁금, 중요, 작가 메시지 -필사하기 : 감명 깊었던 나만의 밑줄 긋기	PPT, 동영상, 유인물, 필기도구, 휴대전화

10분	휴식	
30분	▶관련 영상 혹은 슬라이드 보기 ▶「큰 바위 얼굴」 1:1 찬반 하브루타 -겉모습을 보고 그 사람의 인성을 판단하는 것 은 옳은가? ▶활동 -청중 앞에서 연설해 보기 -연설하는 장면 동영상 찍어 상영하기	
결론 (10분)	▶나도 작가처럼 : 연설문 쓰기 ▶오늘 수업한 느낌 나누기	PPT
나도 작가처럼	▶연설문 쓰기 : 진정한 성공이란 무엇인가? -서론 : 유머, 질문 등으로 말문 열기 -본론 : 흔히 말하는 성공(책 내용 중 여러 인물 특징 참고), 진정 한 성공, 성공한 사람이란?(어니스트의 모습, 토론 내용을 활용) -결론 : 본론 요약, 인용문으로 마무리	

주제	가치	작품명	사람에게는 얼마나 많은 땅이 필요한가
학습 목표			1. 「사람에게는 얼마나 많은 땅이 필요한가」 텍스트를 읽고 가치 에 대해 이해한다. 2. 7키워드 독서토론을 통해 '욕심', '탐욕', '무엇이 가치 있는 것 인가' 등에 대해 자신의 의견을 말할 수 있다. 3. 독후 활동을 통해 '참된 가치'의 중요성을 체감한다. 4. '나도 작가 되기-비판적 글쓰기' 활동으로 인터뷰 기사를 써 볼 수 있다.

학습 과정 (90분)		교수-학습 활동	자료
서론 (10분)		▶아이스 브레이킹(스팟, 퀴즈 등으로 마음 열기) ▶학습 목표 알려주기 ▶7키워드 독서토론 안내와 토론 규칙 알려주기	PPT, 유인물
본론 (70분)	30분	▶「사람에게는 얼마나 많은 땅이 필요한가」 7키 워드 독서토론 -텍스트 낭독 　: 역할극 -경험 나누기 　: 빠홈처럼 계속 욕심을 냈던 경험이 있었나? -질문 나누기 　: 재미, 궁금, 중요, 작가 메시지 -필사하기 　: 감명 깊었던 나만의 밑줄 긋기	PPT, 동영상, 유인물, 필기도구, 신문

10분	휴식	
30분	▶관련 영상이나 이미지 보기 ▶「사람에게는 얼마나 많은 땅이 필요한가」 1:1 찬반 하브루타 -죽을 수도 있는 위험한 일에 욕심을 부리면서 도전하는 것은 옳은가? ▶활동 -짝과 함께 신문기자가 되어 빠홈 인터뷰하기	
결론 (10분)	▶나도 작가처럼 : 인터뷰 기사 쓰기 ▶오늘 수업한 느낌 나누기	PPT
나도 작가처럼	▶인터뷰 기사 쓰기 : 끝없이 걷고 있는 빠홈을 인터뷰하는 글을 써 보세요. -인터뷰 질문 준비하기 -질문의 기본사항 체크하기 : 구어체, 전문용어 배제, 간략한 질문, 대화식, 경청, 개방 적 질문하기, 편안한 분위기 제공 / 최영재·양영철(2011) -사전 양해를 구하고 메모, 녹음을 하면서 인터뷰하기 -기사 내용과 관련해서 눈길을 끄는 기사 제목 붙이기 -시간 흐름대로 평이하게 쓰기	

주제	가족	작품명	쥘르 삼촌

학습 목표	1. 「쥘르 삼촌」 텍스트를 읽고 참다운 '가족'의 의미와 소중함에 대해 이해한다. 2. 7키워드 독서토론을 통해 '자랑스러운 가족', '부끄러운 가족', '가족의 의미', '존재 자체를 사랑하는 가족' 등에 대해 자신의 의견을 말할 수 있다. 3. 독후 활동을 통해 '소중한 가족'을 다시 한 번 깨닫는다. 4. '나도 작가 되기-비판적 글쓰기' 활동으로 시를 써 볼 수 있다.

학습 과정 (90분)		교수-학습 활동	자료
서론 (10분)		▶아이스 브레이킹(스팟, 퀴즈 등으로 마음 열기) ▶학습 목표 알려주기 ▶7키워드 독서토론 안내와 토론 규칙 알려주기	PPT, 유인물
본론 (70분)	30분	▶「쥘르 삼촌」 7키워드 독서토론 -텍스트 낭독 : 역할극 -경험 나누기 : 가족이 부끄러웠던 경험이 있었나? 가족이 자랑스러웠던 경험이 있었나? -질문 나누기 : 재미, 궁금, 중요, 작가 메시지 -필사하기 : 감명 깊었던 나만의 밑줄 긋기	PPT, 동영상, 유인물, 필기도구, 잔잔한 음 악

10분	휴식	
30분	▶관련 영상 보기 ▶「쥘르 삼촌」 1:1 찬반 하브루타 　-큰 잘못을 저지르고 불쌍하게 사는 가족을 외 　 면하는 것은 옳은가? ▶활동 　-배경음악 깔고 시 낭송하기	
결론 (10분)	▶나도 작가처럼 　: 가족을 주제로 시 쓰기 ▶오늘 수업한 느낌 나누기	PPT
나도 작가처럼	▶가족을 주제로 시 쓰기 　-내가 붙이고 싶은 시 제목 붙이기 　-편안하고 진솔하게 형식 없는 시 쓰기 　 (가족에 대해 토론했던 내용 등 활용)	

■ 6회차

주제	헌신	작품명	행복한 왕자

학습 목표	1. 「행복한 왕자」 텍스트를 읽고 '헌신'에 대해 이해한다. 2. 7키워드 독서토론을 통해 '헌신과 참된 사랑', '긍휼과 나눔', 　'노블리스 오블리주' 등에 대해 자신의 의견을 말할 수 있다. 3. 독후 활동을 통해 '헌신'의 가치를 체감한다. 4. '나도 작가 되기-비판적 글쓰기' 활동으로 에세이를 써 볼 수 　있다.

학습 과정 (90분)		교수-학습 활동	자료
서론 (10분)		▶아이스 브레이킹(스팟, 퀴즈 등으로 마음 열기) ▶학습 목표 알려주기 ▶7키워드 독서토론 안내와 토론 규칙 알려주기	PPT, 유인물
본론 (70분)	30분	▶「행복한 왕자」 7키워드 독서토론 　-텍스트 낭독 　　: 역할극 　-경험 나누기 　　: 행복한 왕자처럼 누군가를 도와준 경험이 　　　있었나? 　-질문 나누기 　　: 재미, 궁금, 중요, 작가 메시지 　-필사하기 　　: 감명 깊었던 나만의 밑줄 긋기	PPT, 동영상, 유인물, 필기도구, 모형 TV

	10분	휴식	
	30분	▶관련 영상 보기 ▶「행복한 왕자」 1:1 찬반 하브루타 　-자신의 목숨까지 바쳐 가면서 어려운 사람을 　　돕는 것은 옳은가? ▶활동 　-TV, 책을 말하다 　　: 성우가 되어 에세이 낭독하기	
결론 (10분)		▶나도 작가처럼 　: 에세이 쓰기 ▶오늘 수업한 느낌 나누기	PPT
나도 작가처럼		▶에세이 쓰기 　: 행복한 왕자의 입장이 되어 에세이 쓰기 　-궁 안에 있을 때의 마음과 궁 밖에서 백성들을 보며 느꼈던 　　감정을 중심으로 쓰기(토론했던 내용 등 활용)	

주제	사랑	작품명	별

학습 목표	1. 「별」 텍스트를 읽고 아름다운 '사랑'이라는 감정에 대해 이해한다. 2. 7키워드 독서토론을 통해 '육체적 사랑', '정신적 사랑', '사랑의 감정' 등에 대해 자신의 생각과 느낌을 말할 수 있다. 3. 독후 활동을 통해 '고귀한 사랑'이 어떤 것인지 느껴 본다. 4. '나도 작가 되기-비판적 글쓰기' 활동으로 편지글을 써 볼 수 있다.

학습 과정 (90분)	교수-학습 활동	자료
서론 (10분)	▶아이스 브레이킹(시 낭송으로 마음 열기) ▶학습 목표 알려주기 ▶7키워드 독서토론 안내와 토론 규칙 알려주기	PPT, 유인물
본론 (70분) 30분	▶「별」 7키워드 독서토론 -텍스트 낭독 　: 역할극 -경험 나누기 　: 목동처럼 누군가를 좋아했던 경험이 있었나?(아이돌 포함) -질문 나누기 　: 재미, 궁금, 중요, 작가 메시지 -필사하기 　: 감명 깊었던 나만의 밑줄 긋기	PPT, 동영상, 유인물, 필기도구, 모형 TV

10분	휴식	

30분	▶관련 마음 열기
	▶「별」 1:1 찬반 하브루타
	  -육체적 사랑보다 정신적 사랑이 더 아름다운
	  가?
	▶활동
	  -편지 낭독하기	

결론 (10분)	▶나도 작가처럼 : 주인공에게 편지글 쓰기 ▶오늘 수업한 느낌 나누기	PPT

나도 작가처럼	▶주인공에게 편지 쓰기
	  : 이 책의 주인공에게 편지를 써 보세요.
	  -편지를 쓰고 싶은 대상을 정한다.
	   (목동, 아가씨)
	  -장난스럽게 쓰지 않는다.
	   (토론했던 내용 활용, 서정적인 느낌으로)	

주제	자연	작품명	우리는 결국 모두 형제들이다
학습 목표			1. 「우리는 결국 모두 형제들이다」 텍스트를 읽고 '자연의 소중함'에 대해 이해한다. 2. 7키워드 독서토론을 통해 '생명존중', '개발과 보존', '정복자와 피정복자' 등에 대해 자신의 의견을 말할 수 있다. 3. 독후 활동을 통해 '자연 보존'의 중요성을 체감한다. 4. '나도 작가 되기-비판적 글쓰기' 활동으로 연설문을 써 볼 수 있다.

학습 과정 (90분)	교수-학습 활동	자료
서론 (10분)	▶아이스 브레이킹(스팟, 퀴즈 등으로 마음 열기) ▶학습 목표 알려주기 ▶7키워드 독서토론 안내와 토론 규칙 알려주기	PPT, 유인물

| 본론
(70분) | 30분 | ▶「우리는 결국 모두 형제들이다」 7키워드 독서
토론
-텍스트 낭독
　: 돌아가며 장엄한 어조로 연설
-경험 나누기
　: 다른 사람들 앞에서 연설한 경험이나 다른
　　사람을 설득하기 위해 노력한 적이 있는가?
-질문 나누기
　: 재미, 궁금, 중요, 작가 메시지
-필사하기
　: 감명 깊었던 나만의 밑줄 긋기 | PPT,
동영상,
유인물,
필기도구
도화지,
색펜 |

	10분	휴식	
	30분	▶관련 마음 열기 ▶토론 내용 발표하기 ▶「우리는 결국 모두 형제들이다」 1:1 찬반 하브루타 -자연을 개발하는 것은 옳은가? ▶활동 -연설문 중 단어 뽑아 표어 만들기	
결론 (10분)		▶나도 작가처럼 : 연설문 쓰기 ▶오늘 수업한 느낌 나누기	PPT
나도 작가처럼		▶연설문 쓰기 : 멸종 동물 보호 -서론 : 유머, 질문 등으로 말문 열기 -본론 : 훼손된 자연이 주는 영향(하브루타 내용, 검색 내용 참고), 자연을 보호해야 하는 이유(본문 내용 인용, 토론 내용 참고) -결론 : 본론 요약, 인용문으로 마무리	

주제	허영	작품명	목걸이
학습 목표			1. 「목걸이」 텍스트를 읽고 '허영심'에 대해 이해한다. 2. 7키워드 독서토론을 통해 '물질문명과 정신문명', '사치와 낭비', '거짓된 삶과 진정성 있는 삶' 등에 대해 자신의 의견을 말할 수 있다. 3. 독후 활동을 통해 '허영심'이 가져오는 폐해에 대해 깊이 이해한다. 4. '나도 작가 되기-비판적 글쓰기' 활동으로 보고서를 써 볼 수 있다.

학습 과정 (90분)		교수-학습 활동	자료
서론 (10분)		▶아이스 브레이킹(스팟, 퀴즈 등으로 마음 열기) ▶학습 목표 알려주기 ▶7키워드 독서토론 안내와 토론 규칙 알려주기	PPT, 유인물
본론 (70분)	30분	▶「목걸이」 7키워드 독서토론 -텍스트 낭독 　: 역할극 -경험 나누기 　: 르와젤 부인처럼 자신의 능력이나 외모, 　 가족, 형편 등을 부풀려 말해 본 적이 있나? -질문 나누기 　: 재미, 궁금, 중요, 작가 메시지 -필사하기 　: 감명 깊었던 나만의 밑줄 긋기	PPT, 동영상, 유인물, 필기도구

	10분	휴식	
	30분	▶관련 마음 열기 ▶「목걸이」 1:1 찬반 하브루타 -명품으로 외모를 화려하게 꾸미는 것은 옳은 가? ▶활동 -보고서 브리핑 : 조원(패널)에게 브리핑하기	
결론 (10분)		▶나도 작가처럼 : 보고서 쓰기 ▶오늘 수업한 느낌 나누기	PPT

나도 작가처럼		▶보고서 쓰기
		 : 2015년 우리나라 명품 수입 현황
		 -보고서 목적 및 보고 대상
		  : 일반 공개
		 -자료 검색
		  : 휴대전화로 리서치
		 -목차 작성
		  : 서론, 본론, 결론 및 6하 원칙을 지키며 쓰기
		  (토론했던 내용 활용)	

주제	희망	작품명	눈먼 종달새

학습 목표	1. 「눈먼 종달새」 텍스트를 읽고 진정한 의미의 '자선'에 대해 이해한다. 2. 7키워드 독서토론을 통해 '장애인', '자존감', '참다운 자선', '희망' 등에 대해 자신의 의견을 말할 수 있다. 3. 독후 활동을 통해 장애인의 입장에서 '진정한 도움'이 무엇인지 체감한다. 4. '나도 작가 되기-비판적 글쓰기' 활동으로 체험 보고서를 써 볼 수 있다.

학습 과정 (90분)		교수-학습 활동	자료
서론 (10분)		▶아이스 브레이킹(스폿, 퀴즈 등으로 마음 열기) ▶학습 목표 알려주기 ▶7키워드 독서토론 안내와 토론 규칙 알려주기	PPT, 유인물

본론
(70분)
	30분	▶「눈 먼 종달새」 7키워드 독서토론
		 -텍스트 낭독
		  : 역할극
		 -경험 나누기
		  : 몸이 아파 불편했던 경험이 있었나?
		 -질문 나누기
		  : 재미, 궁금, 중요, 작가 메시지
		 -필사하기
		  : 감명 깊었던 나만의 밑줄 긋기
			PPT,
			동영상,
			유인물,
			필기도구

	10분	휴식	
	30분	▶관련 마음 열기 ▶「눈먼 종달새」1:1 찬반 하브루타 -장애인을 위한 자선행사에서만 자선을 베푸는 　것은 옳은가? ▶활동 -장애인 체험(눈 가리고 물건 찾기)	
결론 (10분)		▶나도 작가처럼 : 체험 보고서 쓰기 ▶오늘 수업한 느낌 나누기	PPT
나도 작가처럼		▶체험 보고서 쓰기 : 학교 내 장애우를 위한 시설 현황 -보고서 목적 및 보고 대상 　: 선생님 -자료 검색 　: 휴대전화 리서치, 우리 학교 시설 현황 표 -목차 작성 　: 서론, 본론, 결론 및 6하 원칙을 지키며 쓰기 　(토론했던 내용 활용)	

주제	배움	작품명	무엇을 배웠는가
학습 목표			1. 「무엇을 배웠는가」 텍스트를 읽고 '참다운 배움'이란 무엇인지에 대해 이해한다. 2. 7키워드 독서토론을 통해 '공부를 통한 배움', '사람을 통한 배움', '다양한 배움' 등에 대해 자신의 의견을 말할 수 있다. 3. 독후 활동을 통해 '세상을 통해 배우는 것'의 중요성을 체감한다. 4. '나도 작가 되기-비판적 글쓰기' 활동으로 감상문을 써 볼 수 있다.

학습 과정 (90분)		교수-학습 활동	자료
서론 (10분)		▶아이스 브레이킹(스폿, 퀴즈 등으로 마음 열기) ▶학습 목표 알려주기 ▶7키워드 독서토론 안내와 토론 규칙 알려주기	PPT, 유인물
본론 (70분)	30분	▶「무엇을 배웠는가」 7키워드 독서토론 -텍스트 낭독 　: 역할극 -경험 나누기 　: 독특한 것을 배워 본 경험이 있는가? -질문 나누기 　: 재미, 궁금, 중요, 작가 메시지 -필사하기 　: 감명 깊었던 나만의 밑줄 긋기	PPT, 동영상, 유인물, 필기도구, 모형 TV

	10분	휴식	
	30분	▶관련 마음 열기 ▶「무엇을 배웠는가」 1:1 찬반 하브루타 　-일반적인 것이 아니라는 이유로 남이 배우는 　것을 하찮다고 여기는 건 옳은가? ▶활동 　-영화 평론가 되어 보기 　　: 영상을 보고 평론하기	
결론 (10분)		▶나도 작가처럼 　: '동물의 소리를 듣는 아이'를 본 느낌으로 영 　상 감상문 쓰기(내 의견을 넣어 비평하기) ▶오늘 수업한 느낌 나누기	PPT
나도 작가처럼		▶영상 감상문 쓰기 　: 영상을 보고 기억나는 점과 느낀 점 정리하기 　　-내가 붙이고 싶은 제목 붙이기 　　-전체 줄거리 　　-영상을 보고 느낀 점 　　-영향(내 생각의 변화-토론 내용 활용)	

주제	판단	작품명	20년 후
학습 목표			1. 「20년 후」 텍스트를 읽고 사람에 대해 '판단'하는 경우에 대해 이해한다. 2. 7키워드 독서토론을 통해 '가치의 기준', '우정과 법질서', '가치 대립' 등에 대해 자신의 의견을 말할 수 있다. 3. 독후 활동을 통해 '판단력'의 중요성을 체감한다. 4. '나도 작가 되기-비판적 글쓰기' 활동으로 사건 기록문을 써 볼 수 있다.
학습 과정 (90분)		교수-학습 활동	자료
서론 (10분)		▶아이스 브레이킹(스폿, 퀴즈 등으로 마음 열기) ▶학습 목표 알려주기 ▶7키워드 독서토론 안내와 토론 규칙 알려주기	PPT, 유인물
본론 (70분)	30분	▶「20년 후」 7키워드 독서토론 -텍스트 낭독 : 역할극 -경험 나누기 : 오랜만에 만난 친구가 달라졌거나 사귀고 나서 첫인상과 달랐던 경험이 있는가? -질문 나누기 : 재미, 궁금, 중요, 작가 메시지 -필사하기 : 감명 깊었던 나만의 밑줄 긋기	PPT, 동영상, 유인물, 필기도구, 모형 TV

	10분	휴식	

	30분	▶관련 마음 열기
		▶「20년 후」 1:1 찬반 하브루타
		 -우정 때문에 직접 범인을 체포하지 않는 것은
		  옳은가?
		▶활동
		 - 셜록 홈즈 스티커 붙이기 게임
		  : 준비된 추리 질문을 맞추면 얼굴에 스티커를
		   붙인다.	

결론 (10분)		▶나도 작가처럼 : 사건 기록문 쓰기 ▶오늘 수업한 느낌 나누기	PPT

나도 작가처럼		▶사건 기록문 쓰기
		 : 사건이 벌어진 순서에 따라 자세히 기록하기
		  -사건 기록문이 갖춰야 할 요건 알아보기
		  -'20년 후' 흐름을 따라 사건 기록문 작성해 보기	

주제	반려	작품명	피에로
학습 목표			1. 「피에로」 텍스트를 읽고 '반려동물'에 대해 생각해 본다. 2. 7키워드 독서토론을 통해 '생명 존중', '생명경시 풍조', '반려동물 보호', '인간의 이기심' 등에 대해 자신의 의견을 말할 수 있다. 3. 독후 활동을 통해 '생명 존중'의 중요성을 체감한다. 4. '나도 작가 되기-비판적 글쓰기' 활동으로 논설문을 써 볼 수 있다.

학습 과정 (90분)		교수–학습 활동	자료
서론 (10분)		▶아이스 브레이킹(스팟, 퀴즈 등으로 마음 열기) ▶학습 목표 알려주기 ▶7키워드 독서토론 안내와 토론 규칙 알려주기	PPT, 유인물
본론 (70분)	30분	▶「피에로」 7키워드 독서토론 -텍스트 낭독 : 역할극 -경험 나누기 : 반려동물을 키우거나 동식물을 키워 본 경험이 있는가? -질문 나누기 : 재미, 궁금, 중요, 작가 메시지 -필사하기 : 감명 깊었던 나만의 밑줄 긋기	PPT, 동영상, 유인물, 필기도구

	10분	휴식	
	30분	▶관련 마음 열기 ▶「피에로」 1:1 찬반 하브루타 -애완견을 버리는 건 옳은가? ▶활동 -반려동물의 장점 적어 보기	
결론 (10분)		▶나도 작가처럼 : 논설문 쓰기 ▶오늘 수업한 느낌 나누기	PPT
나도 작가처럼		▶논설문 쓰기 : 생명 경시 풍조에 대한 자신의 의견 담기 -서론 : 문제제기 -본론 : 문제의 원인은 무엇인가? -결론 : 의견 제시, 해결 방법 (하브루타에서 나온 창의적 문제 해결 의견 활용)	

주제	외모	작품명	당신이 찾는 것
학습 목표			1. 「당신이 찾는 것」 텍스트를 읽고 '외모와 편견'에 대해 이해한다. 2. 7키워드 독서토론을 통해 '성형 문제', '아름다움의 기준' '외모와 편견', '외면의 아름다움과 내면의 아름다움' 등에 대해 자신의 의견을 말할 수 있다. 3. 독후 활동을 통해 '외모와 편견'의 문제의식을 체감한다. 4. '나도 작가 되기-비판적 글쓰기' 활동으로 편지글을 써 볼 수 있다.

학습 과정 (90분)		교수-학습 활동	자료
서론 (10분)		▶아이스 브레이킹(스팟, 퀴즈 등으로 마음 열기) ▶학습 목표 알려주기 ▶7키워드 독서토론 안내와 토론 규칙 알려주기	PPT, 유인물

본론
(70분)
	30분	▶「당신이 찾는 것」 7키워드 독서토론
		-텍스트 낭독
		  : 역할극
		-경험 나누기
		  : 외모가 아니라 자신만의 장점이나 매력이 빛났던 경험이 있는가?
		-질문 나누기
		  : 재미, 궁금, 중요, 작가 메시지
		-필사하기
		  : 감명 깊었던 나만의 밑줄 긋기
			PPT,
			동영상,
			유인물,
			필기도구

	10분	휴식	
	30분	▶관련 마음 열기 ▶「당신이 찾는 것」 1:1 찬반 하브루타 -같은 사람을 겉모습에 따라 다르게 보는 것은 옳은가? ▶활동 -자신의 장점 적어 보기	
결론 (10분)		▶나도 작가처럼 : 나에게 편지 쓰기 ▶오늘 수업한 느낌 나누기	PPT
나도 작가처럼		▶편지 쓰기 : 나에게 보내는 편지를 써 보세요. -나의 장점 찾기를 통해 새롭게 발견한 나에게 격려와 응원 의 편지 쓰기 -나의 꿈이 있다면 꼭 이룰 수 있을 거라는 메시지 담기 -친구에게 보내는 편지처럼 쓰기	

주제	장인정신	작품명	최상품

학습 목표	1. 「최상품」텍스트를 읽고 '장인정신'에 대해 이해한다. 2. 7키워드 독서토론을 통해 '장인정신', '물질 만능주의', '인간문 화재에 대한 처우' 등에 대해 자신의 의견을 말할 수 있다. 3. 독후 활동을 통해 '장인정신 계승'의 중요성을 체감한다. 4. '나도 작가 되기-비판적 글쓰기' 활동으로 콩트를 써 볼 수 있다.

학습 과정 (90분)		교수-학습 활동	자료
서론 (10분)		▶아이스 브레이킹(스풋, 퀴즈 등으로 마음 열기) ▶학습 목표 알려주기 ▶7키워드 독서토론 안내와 토론 규칙 알려주기	PPT, 유인물

본론
(70분)
	30분	▶「최상품」7키워드 독서토론
		 -텍스트 낭독
		  : 역할극
		 -경험 나누기
		  : 장인이나 명장, 인간문화재 등을 만난 경험
		   이 있는가?
		 -질문 나누기
		  : 재미, 궁금, 중요, 작가 메시지
		 -필사하기
		  : 감명 깊었던 나만의 밑줄 긋기
			PPT,
			동영상,
			유인물,
			필기도구

	10분	휴식	
	30분	▶관련 마음 열기 ▶「최상품」 1:1 찬반 하브루타 –상품의 질보다 돈벌이에 치중하는 것이 옳은가? ▶활동 –나만의 작품(종이 컵받침) 만들기	
결론 (10분)		▶나도 작가처럼 : 콩트 써 보기(종이 컵받침 명장의 하루) ▶오늘 수업한 느낌 나누기	PPT
나도 작가처럼		▶콩트 쓰기 : 짧은 글이지만 반전이 있는 글로 감동 주기 –내가 붙이고 싶은 제목 붙이기 (간단한 줄거리, 토론했던 내용 활용)	

■ 16회차

주제	동경	작품명	환상을 좇는 여인
학습 목표			1.「환상을 좇는 여인」텍스트를 읽고 누군가를 '동경'하는 감정에 대해 이해한다. 2. 7키워드 독서토론을 통해 사회에 만연해 있는 '우상', '아이돌', '환상과 현실', '팬픽' 등에 대해 자신의 의견을 말할 수 있다. 3. 독후 활동을 통해 '동경'이라는 감정이 어떤 것인지 체감해 본다. 4. '나도 작가 되기-비판적 글쓰기' 활동으로 주장하는 글을 써 볼 수 있다.

학습 과정 (90분)		교수–학습 활동	자료
서론 (10분)		▶아이스 브레이킹(스폿, 퀴즈 등으로 마음 열기) ▶학습 목표 알려주기 ▶7키워드 독서토론 안내와 토론 규칙 알려주기	PPT, 유인물
본론 (70분)	30분	▶「환상을 좇는 여인」7키워드 독서토론 　-텍스트 낭독 　　: 역할극 　-경험 나누기 　　: 누군가를 동경해 본 경험이 있는가? 　-질문 나누기 　　: 재미, 궁금, 중요, 작가 메시지 　-필사하기 　　: 감명 깊었던 나만의 밑줄 긋기	PPT, 동영상, 유인물, 필기도구

	10분	휴식	

	30분	▶관련 마음 열기-아이돌 공연
		▶「환상을 좇는 여인」 1:1 찬반 하브루타
		  -누군가를 짝사랑하거나 동경하는 것은 옳은가?
		▶활동
		  -연예인 팬 실태 조사하기	

결론 (10분)		▶나도 작가처럼 : 팬 문화에 대한 나의 생각 ▶오늘 수업한 느낌 나누기	PPT

나도 작가처럼		▶주장하는 글 쓰기
		  : 팬 문화에 대한 나의 생각 정리
		    -서론
		     : 문제 제기
		    -본론
		     : 문제의 원인은 무엇인가?
		    -결론
		     : 의견 제시, 해결 방법
		     (하브루타에서 나온 창의적 문제해결 의견 활용)	

맺음말

세계문학 독서토론을 통한
인성 교육

독서토론을 위한 문학 책읽기는 독서토론의 정수를 맛볼 수 있는 매우 훌륭한 재료라고 볼 수 있다. 최근 서점가를 돌아보면 동기부여 관련 서적, 성공학 관련 서적, 그리고 말랑말랑한 심리학 관련 서적 등 다양한 종류의 책이 즐비하다. 물론 이 책들도 나름대로 읽고 적용할 부분이 많이 있겠지만 여러 종류의 책을 읽고 독서토론을 해 보면 단연코 오랜 시간의 심판을 견뎌 온 문학 작품을 통해 얻게 되는 감동이 제일 크다. 왜냐하면 최근에 출판된 웬만한 책들이 따라갈 수 없는 깊이 있는 울림과 깨달음이 있기 때문이다.

특히 학생들을 대상으로 '책을 통한 인성 교육'을 염두에 두고 책을 고른다면 세월의 심판을 거쳐 살아남은 명단편 문학 작품에서 고를 것을 권하고 싶다. 그 안에 담긴 교훈이 우리가 살고 있는 지금 읽어도 경망스럽지 않고 묵직하게 다가오며, 머리로 알게 하는 것이 아니라 가슴으로 느끼게 만들기 때문이다.

다른 교육도 마찬가지지만 인성 교육이야말로 입으로, 머리로 할 수 있는 것이 아니다. 모든 좋은 교육은 '천천히 깊게 이루어지는 것'이 바람직하다. 가슴 깊은 울림이 있어야 깨닫게 되고, 깨달아야 내 삶에 적용할 수 있기 때문이다. 그렇기에 '단편 문학 작품을 통한 인성 교육'은 다른 어떤 교육이 줄 수 없는 '깊은 깨달음'을 주는 교육이다.

이 책에 수록된 16편의 작품에서 소개한 것들은 비단 몇 가지 토론 주제일 뿐이며, 더 많은 토론거리와 쟁점거리들을 얼마든지 찾아낼 수 있다. 물론 비문학 책을 읽고 토론을 해도 다양한 이야기를 나눌 수 있다. 하지만 문학 작품은 읽는 사람만큼의 해석이 나올 정도로 생각할 거리가 많다.

기드 모파상의 「노끈 한 오라기」의 경우, 백 년도 전에 쓰인 책이지만 책을 읽는 독자들은 고데르빌 시내를 걸어가면서 비쩍 마른 막일하는 한 사내의 모습과 농부의 모습, 그리고 아낙들의 모습을 바라보게 된다. 그리고 매우 혼잡한 장터의 모습 속에서 오슈코른 영감을 만날 수 있다. 살아 움직이는 듯한 생생하게 묘사된 내용을 읽다 보면 마치 지금 내 눈앞에 그런 장면들이 펼쳐진 것같이 느껴진다.

흔히 독서토론을 한다고 말하면 '따분한 책을 읽고 더 따분한 토론을 한다고?' 하며 의아해한다. 게다가 학생들과 독서토론 수업을 한다고 얘기하면 '아이들이 집중을 할 리 없다.'는 생각이 표정에 나타난다. 사실 이런 저런 이유 때문에 독서 수업을 하는 것 자체도 어려운데, 독서토론은 많은 준비가 필요하다는 선입견 때문에 시도조차 해 보지 못하는 경우가 많다.

앞에서 말했듯이 학교에서 선생님들이 '독서 수업'을 준비하기에는 다양한 고충이 따르는 것이 사실이고, 정말 좋은 책을 선별하는 것 자체부터 쉽지 않다. 다양한 추천서 목록이 있지만 그 많은 책을 다 읽어 볼 수도 없는 노릇이다. '독서토론 수업'은 더 많은 어려움이 있다. 좋은 책을 읽었다고 해도 어떤 부분을 어떻게 읽어야 핵심적인 내용으로 토론할 수 있을지 난감할 따름이다. 이 책은 이런 학교 현장의 어려움을 충분히 공감하면서 재미있고 이해하기 쉽고 이야깃거리가 풍부한 좋은 '내용'의 책들을 엄선했다. 또한 짧은 수업 시간에 바로 읽고 토론까지 할 수 있도록 '10분 책'으로 구성하였다. 내용이 좋아도 20~30분 읽다 보면 아이들은 바로 지루해하기 때문이다.

ZINBOOK 독서토론은 교육 현장에서 쉽게 적용이 가능하다. 아무리 좋은 교육 프로그램이라도 현장에서 적용하기 어려우면 어떤 효과도 기대할 수 없다. 그동안 만나 온 대부분의 선생님이 독서토론에 관한 연수를 많이 받아 봤지만 막상 학교 현장에서 적용하기는 힘들었다고 고백하곤 했다. 아울러 독서토론은 좋은데 책 선정이 어렵고 책을 한 권 다 읽고 토론해야 하는 부담 때문에 어렵다고 했다.

이 책은 그런 간절한 필요에 의해 기획되었다. 16편의 명단편은 각각 지금 우리 삶에 적용해도 전혀 손색이 없는 문학 작품들로 구성되었다. 아이들은 책을 통해 크게 성장한다. 그런데 책을 읽으면 좋다는 것은 누구나 알지만 컴퓨터와 TV, 스마트폰, 게임, 영상 등 다매체 미디어 세대인 아이들에게 책을 읽게 하기 힘든 것이 문제였다.

모쪼록 이 '10분 책읽기'가 학교 현장에서 독서 수업과 토론 수업을 해야 하는 선생님들과, 자녀를 책과 토론을 통해 크게 성장시키고 싶은 학부모들, 그리고 독서토론을 사랑하는 모든 분께 좋은 선물이 되기를 바란다.